Max Weber

西方著名法哲学家丛书（第一辑）

吕世伦 徐爱国 主编

波斯纳：

法律的经济分析

李 霞◎著

黑龙江大学出版社

HEILONGJIANG UNIVERSITY PRESS

图书在版编目（CIP）数据

波斯纳：法律的经济分析 / 李霞著 . -- 哈尔滨：黑龙江
大学出版社，2009.6（2021.8 重印）
（西方著名法哲学家丛书 . 第 1 辑 / 吕世伦，徐爱国主编）
ISBN 978-7-81129-164-3

Ⅰ . 波… Ⅱ . 李… Ⅲ . 波斯纳，R. A. —法哲学—研究
Ⅳ . D90

中国版本图书馆 CIP 数据核字（2009）第 090100 号

波斯纳：法律的经济分析
HABEIMASI：FALÜ DE JINGJI FENXI

李　霞　著

责任编辑　孟庆吉
出版发行　黑龙江大学出版社
地　　址　哈尔滨市南岗区学府三道街 36 号
印　　刷　三河市春园印刷有限公司
开　　本　880 毫米 ×1230 毫米　1/32
印　　张　5.25
字　　数　130 千
版　　次　2009 年 6 月第 1 版
印　　次　2022 年 1 月第 2 次印刷
书　　号　ISBN 978-7-81129-164-3
定　　价　36.00 元

总　序

　　人类的法律文化或法律文明，可以区分为法律制度和法律思想两大载体。法律是硬结构，法律思想是软结构。历史地看，它们共生并相互渗透和依存。比较而言，法律制度通常趋向于稳定和迟滞，而法律思想则显得敏锐和活泼。由于此缘故，一个时代的法律文化变迁，总不免表现为法律思想为先导，法律制度随之产生或变革。

　　中国为古老文明的大国，原本有自己独到的法律传统，也有自己的法律思维范式。临到清末，在西方列强的入侵和文化的冲击下，中国法律文化传统出现断裂，开始发生历史性的转型。早些时候，中国人学习日本，而日本的法律又来自于西方的德国。晚些时候又学习前苏联的法律，中国法律传统又增添了社会主义法律的色彩。这样一来，我们现今的法律同时是中国传统法律、西方自由主义法律和社会主义法律的混合体。反过来也可以说，我们的法律既欠缺中国传统，也欠缺东洋（日本）和西洋（欧美）的法律传统。法律职业者们所学和所用的是西方的法典，而要解决的则是中国社会本身的问题。

　　不可否认，近代以来的西方法律是摆脱人身依附关系及倡导民主与法治的先行者。因此，对它不应当亦不可能漠然对待，更不能简单地予以排斥。不过，在东西方有重大差异的法域，法律职业者生搬硬套西方的法律理念处理中国的问题，就意味着粗暴地对待了中国的社会。另一方面,当法律职业者们这样做的时候,又没有真正弄懂西方法律制度得以建立的法律理论,这又粗暴地对待了西方法律。中国学习西方法律已是历经百余年的不争事实。现今,法律制度的趋同化与各民族法律个性的减弱,是法律发展的一般模式。面对此种时代的大趋势,我们要做的不仅仅是要建立现代的法律体系,更重要和更深层次的在于弄清作为西方法律制度底蕴的法律思想。换言之,法律的研究和运用,只停留在法律制度的建立及相关资料的整理和解释上是远远不够的,而应该是法律规范与法律精神的统一。善于从法律制度中寻找法律的精神,从法哲学的抽象中探取法律实践所隐含的意义,才是中国法律职业者的共同任务。

从中西法律制度借鉴的角度看,我们更多地移植了西方的法律制度,而对西方法律精神则关注不足,主要表现在没有把握到西方法律的精髓。只有法律制度的引进,没有法律思想的参详,如同只有计算机的硬壳而无计算机的软件;没有法律的思想而实施法律的制度,那么法治的运行便成为无从谈起的问题。理解、消化和应用西方法律制度中所包含的法律理论,是我们继续和深化法律现代制度的紧迫任务。正是基于这样的考虑,我们决定编写一套西方法哲学家的学术传记丛书。

西方法律思想存在于西方法哲学家的脑子里,表现在他们各具特色的个人生活之中,物化于他们的法律著作之内。每个法哲学家的思想各不相同,但是同一时代的一批法学家则代表了那个时代的法律思想文明。同样,每个时代法学家的思想也各不相同,存在着主流与非主流甚至逆流的思想观点的交叉与对立。几千年西方法律思想家的理论传承,构成了西方法律思想史的全景。基于这样的认识,本套丛书的着眼点是法学家个体。通过每个法学家独特的经历、独特的思考和独特的理论,我们能够把握西方法律传统的精神和品质。

今天,我们正在建立和完善中国特色社会主义的法律体系。这首先就要求有充实而有效的中国特色社会主义法律理念。中国特色社会主义法律理念要在马克思主义法律观的指导下，广泛借鉴古今中外的法律精神遗产，尤其要"立足中国，借鉴西方"才能达成。

是为序。

吕世伦　徐爱国
2008 年 12 月

目　录

第一章　波斯纳的个人经历与学术背景 ……………………… 1

一、耶鲁和哈佛的最优生 …………………………… 2

二、"前法官"时代 …………………………………… 9

三、忙碌的法官和学者 ……………………………… 19

四、生活逸事 ………………………………………… 29

第二章　波斯纳思想的独创之处 ……………………… 33

一、法律的经济分析 ………………………………… 33

二、法理学思想 ……………………………………… 59

三、其他重要作品 …………………………………… 75

第三章　波斯纳与同时期学者之间的分野 …………… 82

一、与德沃金之辩 …………………………………… 86

二、与经济学和法律经济学其他学派和学者的对话 …… 101

第四章　波斯纳思想的影响 …………………………… 115

一、经济分析方法对于法学方法论的贡献 ………… 116

二、经济分析方法对部门法的"改造" ……………… 124

三、法律经济分析对于中国法学的影响 …………… 133

第五章　波斯纳及其思想简评 ……………………… 142

一、睿智多产的法律人 ……………………………… 142

二、独到"个性"的学说 …………………………… 144

三、法律的经济分析学说中未能解决的问题 ……… 148

参考文献 ………………………………………………… 155

后记 ……………………………………………………… 161

第一章　波斯纳的个人经历与
学术背景

　　理查德·A.波斯纳(Richard A. Posner)这个名字,相信对于任何一个法律人和大部分经济学人来说,都不应该感到陌生。这位即将步入"古稀之年"的美国法律界的明星级人物,时任美国联邦第七巡回区上诉法院首席法官,同时还是芝加哥大学法学院的高级讲师(Senior Lecturer)①。他外表温和,"个儿高而苗条,眼睛苍白得像条鱼","穿着保守,身形消瘦"。② 从外表绝难看出,波斯纳是他这代人中"最无情的"和最具煽动性的法理学家。

　　波斯纳被一大堆美誉包围着,诸如"法学界的莫扎特"、"美国当代最卓越的法学巨擘"、"法律经济学的奠基人之一"③、"法律与文学运动的先驱"、"公共知识分子之王"④,等等。他还是媒体的宠儿,曾被不同媒体在不同评选活动中誉为

---

　　①　波斯纳在1981年的时候被里根总统任命为联邦第七上诉法院的法官,而在美国,关于教授有一个不成文的规定,即教授必须是全职而不能是兼职的,因此波斯纳这位昔日的讲座教授就成为了一名高级讲师,并且需要说明的是,他这个高级讲师并不属于法学院的正式"编制"之列。

　　②　Larissa MacFarquhar, An interview with Richard Posner, The New Yorker, Dec. 10, 2001.

　　③　在1991年5月24日的美国法律与经济学学会全体会议上,波斯纳和科斯、卡拉布雷西、梅因一道被授予法律与经济学的"四位奠基人"的荣誉称号。

　　④　Gary Rosen, Wall Street Journal, January 15, 2002.

"20世纪美国最有影响的法律人"①、"美国二十大顶尖法律思想家之一"②和"过去半个世纪里最杰出的反垄断法专家"③。他本人也相当善用媒体，早在博客远未如今日风行的2004年12月，波斯纳就与诺贝尔经济学奖获得者加里·贝克尔(Gary Becker)合开了一个博客④。正如所预料的那样，该博客访客如云，访问率在四年间一路飚升。

　　波斯纳博学机智，才气纵横，思维缜密，文风犀利，精通修辞，锋芒毕露。他对于文字和几乎涵盖所有社会科学领域的知识的卓越驾驭能力让人叹为观止，加上其独特的个性和气质，使得他足以成为法学界一面鲜明的旗帜。关于他的谐语很多，比如"谣言说，他每天晚上都睡觉"、"他每半个小时写一本书"、"他写的书比许多人毕生读的书还多"，这些都为他平添了几分神奇色彩。这位传奇人物和他量巨质精的等身著作对美国法学理论界及实务界的影响和贡献既深且广，已经成为且越来越是美国乃至全世界法学界的研究重点。

一、耶鲁和哈佛的最优生

　　波斯纳于1939年1月11日出生于美国东海岸的纽约市。
　　波斯纳的母亲出自一个从维也纳来到美国的犹太家庭，母亲家里的亲戚都看不上他父亲的门第，因为父亲的家庭不但穷困，而且还是从罗马尼亚移居来到美国的。"事实上他们都很穷，"波斯纳曾说，"只是我母亲家尚用得起卫生纸，而父亲家用

---

　　①　由《美国法律人》杂志于1999年评出。同时当选的还有霍姆斯、汉德、卡多佐等已故法官、学者，以及一些律师和法律活动家。
　　②　Who Are the Top 20 Legal Thinkers in America? Legal Affairs, May 1, 2007.
　　③　由《纽约时报》(The New York Times)于2004年评出。
　　④　该博客的地址是：http://www.becker-posner-blog.com/。

的是报纸"①。他母亲是一名共产党人,与收养罗森堡夫妇②的孩子的家庭过从甚密;斯大林逝世的日子曾是波斯纳一家例行的悼念日。波斯纳的母亲在纽约市一家公立学校当老师,父亲则不停地在不同行业之间更来换去——在年轻的时候,他曾与几个堂弟兄一起经营过一个珠宝店,后来参加了法学院的夜校学习,随后成了一位刑事辩护律师。二战结束后,他专事放贷,主要在纽约的贫民窟从事再抵押(second mortgage)③的业务。他的这一放贷事业相当成功,财运就此亨通,在1948年就买了一辆崭新的卡迪拉克,还在纽约市郊的斯卡斯代尔镇(Scarsdale)买了一幢房子,并举家迁到了新居。

当波斯纳在政治倾向上逐渐变成一个保守主义者后(他将三十岁以前的自己定义为一个自由主义者),他的母亲十分震惊。在这对个性鲜明的母子之间,曾发生过不少次激烈争吵,

---

① Larissa MacFarquhar, An interview with Richard Posner, The New Yorker, Dec. 10, 2001.

② 朱利叶斯·罗森堡(Julius Rosenberg),1918年生于纽约,1940年与埃塞尔·格林格拉斯(Ethel Greenglass)结婚。二战期间,罗森堡受雇为美国陆军通信兵的市民监察员(civilian inspector for the Army Signal Corps),但1945年因被指称为共产党员而被解雇。1950年7月,罗森堡和他的妻子被捕,被指控因向苏联传递情报而犯有间谍罪。最终,罗森堡夫妇被判有罪而处以死刑,许多人因该判决过于严厉而感动震惊。实际上,对他们的审判是依据《反间谍法案》(Espionage Act)而进行的,该项法案于1917年获得通过,以应对美国的反战运动。之后,显而易见的是,政府并不认为罗森堡夫妇应当被执行死刑。当时的FBI负责人胡佛(J. Edgar Hoover)警告说,历史对一个仅依如此缺乏说服力的证据而使这对夫妇的两个幼子成为孤儿的政府,并不友好。该案在欧洲引起了巨大的反响与争论,人们认为,罗森堡夫妇是反犹太主义和麦卡锡主义的牺牲品。诺贝尔奖获得者萨特(Jean - Paul Sartre)称该案为"一项给整个民族抹上血腥的法律私刑(legal lynching)"。罗森堡夫妇在死因监狱被关押了26个月,其间,他们拒绝认罪和指证他人,最终于1953年6月19日在纽约州新新监狱(Sing Sing)被执行死刑。胡佛称之为"世纪的罪行"。后来,罗森堡夫妇的儿子在接受记者采访时曾说:"当我还是个孩子的时候,有许多人曾冒险救助过我。"参见http://www.spartacus.schoolnet.co.uk/USArosenberg.htm。

③ 对已经作过抵押的财产所享有的抵押权,解决争议时比前手抵押具有优先权。

波斯纳甚至开始对母亲动怒。他曾说过,"母亲是一群聪明的糊涂人中的一个,她非常聪明,但能力有限。一件非常令我郁闷的事就是,我担心她的政治立场会影响我的事业。每一次我在政府里找到份工作,我都会很为难却又不得不告诉当局我母亲很可能曾是一名共产党员。对我而言,这实在是一个沉重的负担。幸好她年事渐高,也就慢慢忘记了政治上的这些事儿。沙琳(波斯纳的妻子)和我总算松了口气"。①

　　波斯纳的父母都活到了九十多岁的高寿。在一次访谈中,波斯纳说,"年迈的母亲髋骨折断了,昔时人们折断了骨盆肯定就死了——这无疑更好些,可现在他们却能把这伤给治好了"②。在母亲髋骨受伤后,父亲不胜照顾之苦,于是父母搬到了照顾起居的设施和机构都比较完善的芝加哥。慢慢地,父亲也因年事已高而变得虚弱多病。波斯纳仔细询问过老年病专家,怎样治疗才能让他活下去。医生回答说,能活多久得取决于病人的生存渴望和意志。波斯纳说,"父亲间歇性地处于清醒状态,他希望得到治疗,你当然不能无视他的选择。他的成长经历、他的奋斗历史都决定了,放弃这个词是不可想象的,而不抗争到最后一秒对于他来说是应受诅咒的行为。我希望我这代人能做得稍微理性一些,我想要能选择我离开(这世上)的时间"。"我不知道对于大家来说是不是都这样,"波斯纳说,"在我慢慢长大时,我爱我的父母,他们的确是值得尊敬和感激的——我母亲给了我最好的文化熏陶,而父亲买了我们的第一幢房子,他们是理想的父母。但现在他们所留给我的印象却大多数是来自他们老年时期的。我不想说假话:当我想起他们的时候,感受不到爱。沙琳觉得,我对我的父母有那么一点点不人道。许多人都上有衰老而可怕的老父老母,当年事已高的父

---

① See Larissa MacFarquhar, An interview with Richard Posner, The New Yorker, Dec. 10, 2001.

② Larissa MacFarquhar, An interview with Richard Posner, The New Yorker, Dec. 10, 2001.

母在九十多岁上殁了的时候，子女们还对医生怨这怨那说是医疗上的错误所致。在我母亲去世的时候，我父亲更是生气，他觉得是医生没有照顾好她才导致了她的死亡——尽管在临终时她全已无法说话，无法动弹——她已经'不是人了'。"①当被问及他父母去世的确切时间时，波斯纳显得有些疑惑，"我对此没有感觉"。②

芝加哥大学的一位哲学家，同时也是波斯纳友人的玛莎·努斯鲍姆（Martha Nussbaum）相信，波斯纳的母亲——这位抚养他长大的虔诚的共产主义信徒——是（至少部分是）后来波斯纳摒弃任何形式的道德主义，而从文学中寻找慰藉的原因。他欣赏时常引起普通人反感的反主流道德的作家，例如司汤达（Stendhal）③和纪德（Gide）④，并且事实上，法国小说确实在很多方面也更对波斯纳的刻薄脾气以及他那自利且实用的天性。[尽管如此，必须提及的是，他并不是一个审美方面的假内行，他最喜欢的电影是梅格·瑞安（Meg Ryan）⑤主演的影片和一部名为《精灵猫捉贼》（*That Darn Cat*）的晦涩之作。]波斯纳说，他

---

　　①　Larissa MacFarquhar, An interview with Richard Posner, The New Yorker, Dec. 10, 2001.

　　②　Larissa MacFarquhar, An interview with Richard Posner, The New Yorker, Dec. 10, 2001.

　　③　司汤达是马利–亨利·贝尔（Marie–Henri Beyle, 1783—1842）的笔名，他是一位19世纪的法国作家。他以准确的人物心理分析和凝练的笔法而闻名。他被认为是最重要和最早的现实主义的实践者之一。最有名的作品是《红与黑》（1830年）和《帕尔马修道院》（1839年）。

　　④　安德烈·纪德（André Paul Guillaume Gide, 1869—1951），法国作家，保护同性恋权益代表。1923年，他出版了一本关于陀思妥耶夫斯基的书。1924年，当他在《田园牧人》（Corydon）公开发行版中为同性恋辩护时，遭到了广泛的非难，他后来将之看成自己最重要的作品。

　　⑤　梅格·瑞安（Meg Ryan, 1961—），美国电影女演员，擅长演绎浪漫喜剧，曾数次为美国电影大奖提名最佳女主角，媒体予她以"美国甜心"的封号。梅格·瑞安最具知名度的演出和电影有1989年的《当哈利碰上莎莉》、男主角皆为汤姆·汉克斯的1993年《西雅图夜未眠》和1998年的《电子情书》。

最轻视的是不停叫嚣的假正经的道德哲学家。他认为,诘问自己的信仰是正当的还是不正当的,是一件私密且自我的事情,应该只由那些能永远保守秘密的人来做。而普通人大多是疏于反思的,仅仅相信他们所已相信之事;进而言之,道德反思永远无法劝服某人改变主意,也不会事事都主导人的行为,因此不过是一项被蒙骗而无用的行为。

爱尔兰诗人叶芝(**William Butler Yeats**)

1956 年,波斯纳进入耶鲁大学主修英文。科林斯·布鲁克斯(Cleanth Brooks)①曾做过他的老师。波斯纳大四那年撰写论

---

① 科林斯·布鲁克斯(Cleanth Brooks, 1906—1994),美国颇具影响力的文学评论家和教授。他在 20 世纪中期提出了新批判主义,并以在美国高等教育界推进诗歌教学的改革而著称。从 1947 年到 1975 年,他在耶鲁大学任英文教授。

文的主题是叶芝(Yeats)①晚期的诗歌。至今,他仍记得许多叶芝的诗,并用它们作为模板来评价自己对生命中一些事件的反应。例如,对名利的思考会让他不禁回想起叶芝的一首诗《抉择》(*The Choice*)②。波斯纳之所以一直钟爱叶芝,部分原因在于叶芝也是尼采(Friedrich Nietzsche)的忠实"粉丝"。尼采可能是对波斯纳影响最深的哲学家。波斯纳心目中关于道德的概念(人所创造的,而非在世上寻找到的)、关于伦理的概念和最重要的知性的气质(卓越的语言能力和善发令世人震惊之论的能力),都与尼采的影响息息相关。对于对尼采的迷恋,波斯纳解释道,"所谓的理念,在我看来,概括而言,不过是一个男人对妻子的责任感而已。内在的力量和事件都只是我们生活的原料,我们无权责怪任何人,因为不管是精彩还是糟糕,生命都只属于我们自己。这是一种哲学,或者说是一种心理学,总的来看,是乐观的、愉快的、前瞻的、自我判断的,是脱离宗教和其他教条所创造的条条框框的自由的"③。

1959 年,20 岁的文学学士(Bachelor of Art)波斯纳作为当年的最优生从耶鲁大学毕业。在离开耶鲁大学后,波斯纳曾考虑进研究生院拿一个英国文学的硕士学位,但后来还是改变主意,走进了哈佛大学法学院。

---

① 威廉·巴特勒·叶芝(William Butler Yeats, 1865—1939),爱尔兰作家,被认为是 20 世纪最伟大的诗人之一,是都柏林阿贝剧院的爱尔兰国家剧院公司的创始人。他创作了许多短剧,包括《凯瑟琳女伯爵》(1892 年);他的诗作成集出版,如《回旋楼梯》(1929 年),内容从早期的爱情抒情诗到晚年复杂的象征主义作品。他获得过 1923 年的诺贝尔文学奖。

② 诗中有几句是:

> The intellect of man is forced to choose,
> Perfection of the life, or of the work,
> And if it take the second must refuse,
> A heavenly mansion, raging in the dark.

③ Larissa MacFarquhar, An interview with Richard Posner, The New Yorker, Dec. 10, 2001.

德国哲学家尼采（Friedrich Nietzsche）

　　在哈佛法学院就读期间，波斯纳担任过《哈佛法律评论》的主编（President）。在其担任主编期间，一位曾经著书"恶毒"地批评波斯纳的老师们的学者受邀参加了《哈佛法律评论》75周年庆典晚宴，还应邀发表了演说，因而波斯纳对当时哈佛法学院的领导层相当不满。更有意思的是，这种不满竟然持续甚久，以致数年以后，当波斯纳求职时，他的申请表的意向一栏只列了斯坦福大学法学院和耶鲁大学法学院，而没有哈佛大学法学院。1962年，波斯纳获得了法学硕士学位（LL. M.），以全年级第一名的成绩从哈佛法学院毕业——看起来他很乐意且已习惯于坐在第一名的位置上。

二、"前法官"时代

波斯纳的职业生涯始于在政府中的任职。1962 年至 1967 年间(在肯尼迪①和约翰逊②的总统任期内),他辗转于政府的不同职位之间。波斯纳曾于 1962 年至 1963 年在美国联邦最高法院担任大法官小威廉·J. 布伦南(Justice William J. Brennan, Jr.)的法律助手。在这段经历中,有一则后来脍炙人口的小故事,足以证明波斯纳的确才华惊人:有一次,全体大法官们投票对某案作出了决定,并指定由大法官布伦南撰写司法意见。按照习惯,司法意见至少由法律助手撰写初稿。但不知是由于布伦南说反了,还是波斯纳听反了,或是出于其他原因,波斯纳最终撰写了一份与最高法院的决定完全相反的司法意见。然而,这份意见不仅说服了布伦南大法官,还说服了最高法院。最后竟然顺水推舟,按照波斯纳的意见办了。③

随后,波斯纳去了联邦贸易委员会,任该委员会主席菲利浦·埃尔曼(Philip Elman)的助手;他还做过当时任联邦司法部副部长的瑟古德·马歇尔(Thurgood Marshall)的助手,以及约翰逊总统的交通政策特别工作小组首席法律顾问。

---

①　约翰·肯尼迪(John Fitzgerald Kennedy, 1917—1963),1960 年 1 月宣布竞选总统,以微弱多数击败共和党候选人尼克松,成为美国历史上最年轻的总统,也是第一位信奉天主教的总统。1963 年 11 月,在得克萨斯州达拉斯市遇刺身亡。

②　林登·贝恩斯·约翰逊(Lyndon Baines Johnson, 1908—1973),是美国第三十六位总统。他还当过约翰·肯尼迪的副总统。在他的总统任期里发生了越战,由于美军在越战中伤亡惨重,使他赔上了政治前途。1969 年他在总统选举之前宣布不会参选,并全力支持他的副总统连任。他只过了 4 年美国前总统的生涯就去世了,年仅 65 岁。

③　参见朱苏力:《波斯纳文丛》总译序,载[美]波斯纳:《法理学问题》,苏力译,中国政法大学出版社 2002 年版。

美国联邦最高法院大法官布伦南(Justice William J. Brennan, Jr.)

从哈佛法学院毕业后(事实上直到20世纪60年代晚期),波斯纳一直认为自己是一个信奉自由主义的民主党人。他曾为肯尼迪、约翰逊和汉弗莱①投票(从汉弗莱起,他开始转而为共和党投票)。1970年左右是波斯纳转向右倾的关键时点,他转变

---

① 小休伯特·霍拉蒂奥·汉弗莱(Hubert Horatio Humphrey, Jr., 1911—1978),1965年至1969年间出任第38任美国副总统,1968年代表民主党角逐美国总统,但最后败给共和党候选人理查德·尼克松。

的部分原因是受不了学生暴动①的混乱无序。

1968 年,波斯纳进入斯坦福大学法学院并成为副教授,开始了他漫长的教职生涯。也正是在 1968 年,他结识了两位来自芝加哥大学的保守派经济学家——亚伦·迪雷克特(Aaron Director)和乔治·斯提格勒(George Stigler)。由于从小波斯纳就被灌输"保守主义是魔鬼"的观念,在波斯纳发现自己居然很喜欢这些经济学家时,感到惊讶不已。对此,他解释道:首先,政治主张和人品是毫无关系的;其

波斯纳

次,因为逐渐喜欢上经济学,他发现自己认同这些经济学家的许多学术观点。正因有此际遇,波斯纳于次年(1969 年)来到了芝加哥大学。

---

① 指的是 20 世纪 60 年代在美国发生的一场学生运动。因主导该运动的是"新左派"思想,故而也将其称为"新左派"学生运动。这场学生运动的代表是"学生争取民主社会同盟"(简称"学民盟"),该组织的活动基本贯穿了这场学生运动的始终。"学民盟"始于 1962 年 6 月 11～15 日在美国密歇根州休罗港召开的"新左派"学生代表大会,大会通过了著名的"休罗宣言"。这标志着新左派组织的正式诞生。1965 年 4 月 17 日,"学民盟"、"五月二日运动"等组织联合起来,在华盛顿组织了有 25000 人参加的反战游行;同年 10 月,"学民盟"参加了全国反战游行示威活动。1966 年 12 月,"学民盟"通过了反征兵协议。1967 年 4 月 15 日,30 万人在纽约举行反战游行,并提出"新工人阶级"的概念,即学生将取代劳工成为社会变革的主要力量。9 月,威斯康星大学学生举行示威、罢课,警察在校园内镇压学生运动,各地均不断发生学生与警察的冲突事件。10 月 21 日,由 10 万人组成的反战学生游行队伍涌向五角大楼,与政府军队发生暴力冲突。1968 年,"学民盟"开始将斗争方向由反战转向种族问题。4 月 4 日,黑人运动领袖马丁·路德·金遇刺,美国 100 多个城市爆发了大规模的黑人运动。1968 年 6 月,在东兰辛大会上,"学民盟"内部出现严重分裂,加之美国政府的镇压,至 1970 年,这场"新左派"学生运动基本消失,尽管还存在少数地下暴力活动组织,但影响不大,后演变为恐怖组织。

　　就在同一时期,另外一位芝加哥大学的经济学家加里·贝克尔(Gary Becker)(也就是后来获得诺贝尔经济学奖且与波斯纳同开博客的那位学者)发表了《犯罪与惩罚:经济分析法》一文①,文中分析了一些特别法对于犯罪行为的影响,其结论是罪犯也是有理性的。波斯纳在阅读这篇文章时,清楚地意识到,包括刑法在内的所有法律都以特定的方式刺激和诱发着人们的行为。法律不是仅仅在"游戏结束"时才登场,而是在事先就制定好规则、安排好惩罚来决定游戏如何进行。这也引发了波斯纳的疑惑,他不明白为何法官费尽唇舌讨论的是先例和正义之类的概念,而非现实世界中的因果关系,似乎法律是一种与世隔绝的存在,而法官们却只对抽象中的"法律"负责。

美国经济学家罗纳德·科斯(Ronald Coase)

　　波斯纳又读到了另一篇更为出名的文章——发表于1960年的《社会成本问题》(The Problem of Social Cost),该文主张普通法应采取结果导向的进路,文章作者是罗纳德·科斯(Ronald

---

　　①　该文载于《政治经济学杂志》1968年第2期。

Coase),又一位芝加哥大学的经济学家,同时也是一位诺贝尔奖获得者。科斯在文中通过分析铁路公司和农夫之间关于火车引擎火花问题解决的博弈,提出了著名的"科斯定理"。①

当波斯纳和其他学者开始根据这样的思路研究法律的运行和先前的一些判决时,他们发现了一个奇怪的现象:尽管作出构成普通法的判决的法官们在绝大多数时候讨论的都是权利和义务,但在事实上,他们不过是在努力得出一些判决,而这些判决恰好是在自由市场下也能得出的。正如在铁路公司与农夫的案件中那样,法官会认为他所做的不过是在平衡竞争权;但很可能的是,法官所作出的判决结果竟与像科斯那样的经济学家所倡仪的一模一样。波斯纳意识到,经济效率其实正是数个世纪以来驱动法律发展的背后隐藏着的那股力量。法律曾沉醉于凌驾在市场之上,将自己关于正义和权利、义务的概念加于市场之上的想象中。然而,一直以来,市场的驱动力其实更大,它在潜意识中塑造着法官的理念,让他们在不知不觉中被改造成了"经济学家"。

---

① 科斯先提出一个问题:如果一条铁路打算享有道路的排他性使用权,那么它就必须获准毫无法律限制地释放引擎火花。但如果该铁路获准释放引擎火花,那么由于火花引起的火灾危险,毗邻农场的价值将会受到损害。释放火花是铁路财产权的一项附带事项,还是对于农场主财产权的侵犯呢?解决这一问题的答案就是"科斯定理"——如果交易费用为零,那么,在冲突使用的情况下,不论哪一方被赋予了财产权,效率都将会实现:假定令铁路方面省去价格昂贵的抑制火花设备,该项释放火花的权利将会增加其100美元的财产价值,但会减少农场主50美元的财产价值,因为那将会妨碍其在铁轨附近种植庄稼。如果农场主享有免受引擎火花损害的法律权利,那么铁路方面可能会提供支付,农场主则会因恢复其权利而得到补偿(compensation)。由于该项防止释放火花的权利对于农场主而言只值50美元,却强加给铁路方面100美元的成本,因此,该农场主以50美元至100美元之间的任何价格出售该项权利,均可令双方经济上更为满意。如果替代农场主享有免受火花损害的权利,而铁路方面享有释放火花的法律权利,那么交易将不会发生。农场主不会为铁路方面的权利而付出多于50美元的价值,而铁路方面也不会接受少于100美元的价值。因此,无论以何种方式分配该项权利,根据资源的使用,结果都是一样的:即铁路方面释放火花,农场主转移其庄稼。

1973年,波斯纳出版了《法律的经济分析》一书。这部波斯纳的代表作,被称为"是将这一主题和思维模式介绍给读者大众的一次野心勃勃的且在一般意义上颇为成功的尝试"①,它对于整个法律界的影响不啻于一场"革命"。这本书一举为法律经济学划定了属于自己的领地,也奠定了波斯纳本人的学术地位。波斯纳在开始他的法律经济分析研究之时,就致力于打破关于法律是一个自给自足型的学科(an autonomous discipline)的信念②,这是他对于建立起自己的一整套理论体系(从方法论到价值标准)的尝试。③ 从这个角度看,即便不说波斯纳是法律经济学的创始人(founder),他起码绝对算得上是法律经济学的推广普及者(popularizer)。④

随着波斯纳影响的日益加深,他关于法律的描述慢慢地开始"自我实现";也正因为波斯纳的教导,许多法官的确已经逐渐地开始像"经济学家"那样思考。事实上,在波斯纳以前,就曾有一位法官像"经济学家"那样做过,在当时引发了激烈的争议。这就是伦德·汉德法官于1947年在美国诉卡罗尔拖轮公司(United States v. Carrol Towing Company)案中所作的判决。在判决中,汉德法官引入了一个公式——也就是著名的"汉德公式":$B < PL$,即只有在潜在的致害者预防未来事故的成本小

---

① [美]A.米切尔·波林斯基:《潜在缺陷产品的经济分析:一份波斯纳<法律的经济分析>的购物指南》,明辉译,载《哈佛法律评论——侵权法学精粹》,法律出版社2005年版。

② See Richard A. Posner, The Decline of Law as an Autonomous Discipline: 1962—1987, 100 Harv. L. Rev. 761 (1987). 波斯纳在这篇文章里阐述了"自(20世纪)60年代早期以来法律制度和法律思想中的一些变化"的轨迹,他说,(20世纪)60年代早期,"法律思想的自治性仍是……法律教育和研究的前提预设。但现在则不然了"。

③ 法律经济学在后来不断演变发展。其中的一支——"批判法律研究运动"竟然"猛回头"激烈地反对波斯纳联合一批法律经济学家一起所坚持的古典自由路径,比较具有讽刺意味。

④ Robin F. Grant, Judge Richard Posner's Wealth Maximization Principle: Another Form of Utilitarianism? 10 Cardozo Law. Review 815 (1989).

于预期事故的可能性乘预期事故损失时,致害者才负过失侵权责任。换言之,不能期待人们安装一切可能用得到的安全设备而致使自己破产,他仅负责作出明智的计算,以平衡成本——有效的谨慎和风险。吉多·卡拉布雷西(Guido Calabresi)[①]于1961年发表了一篇论文,思路与该判决的思路相近,主张法院应当致力于通过将事故归责于能够以最小的成本避免事故发生的那方当事人,而达到使事故的社会成本最小化的结果。这篇论文是除了前面所提到的贝克尔和科斯的文章之外,在法律经济学发展之初出现的重要学术成果之一。

当时,法律已经与波斯纳的芝加哥学派的自由市场原则密不可分了,但波斯纳仍认为还有不少缺少效率的领域需要涉及,比如反垄断法。他开始思考,难道反垄断法的确会阻止市场限制的行为——比如说定价行为? 或者是它们自己在以无用的规则侵扰公司?[②] 波斯纳对于反垄断法立法的怀疑主义产生了巨大的影响,这也正是他于1999年被任命为美国政府诉微软垄断案的仲裁人的原因。(当时公认的是,波斯纳作为仲裁人一定会为仲裁双方所接受——微软公司接受是因为波斯纳长期以来对于反垄断法的非议,而政府一方接受是因为波斯纳对于威胁自由市场的类卡特尔行为持反对的态度。)

波斯纳同时期的其他相同或相似进路的文章所产生的影响则稍不及他在反垄断法方面的影响。比如说,波斯纳撰文说,种族歧视概念注定会走向消亡,因为它在经济上是无效率的。他坚持说,部分歧视可能是理性的,因为它们减少了收集信息的成本:如果一个雇主相信普遍而言一个种族总是与某一令人不快的特点相联系的,那么该雇主对于该种族的成员的歧视并不比他因为不喜欢某一品牌的一管牙膏而对这一品牌的所有

---

① 与波斯纳一样,卡拉布雷西亦为现任的美国联邦上诉法院法官。

② See Richard A. Posner, Antitrust Law: An Economic Perspective, University of Chicago Press, 1976, pp. 47~56.

牙膏产生的歧视更为敏感。①

可以说,波斯纳的思想之所以具有深度的影响力,与他"大批量地"产出关于法律的经济学分析的作品是分不开的。在1969年波斯纳来到芝加哥大学担任教授到1978年成为芝加哥大学法学院李和布雷纳·弗里曼法律讲座教授(Lee and Brena Freeman Professor of Law)的期间,他出版了一系列大部头的法学著作,包括《法律的经济分析》(1973年)、《反垄断法:一个经济学的视角》(1976年)、《正义/司法的经济学》(1981年)以及多篇学术论文[这些论文中的相当一部分是与经济学家威廉·兰蒂斯(William Landes)合作撰写的]。他呼吁对反垄断政策进行大刀阔斧的改革,提议并试图印证普通法在法官致力于提升经济效率的情况下才能被最好地解释出来,致力于将社会福利最大化作为法律和社会政策的一个重要目标向前推进,致力于研究规制和立法的经济理论,并将法律的经济分析适用于许多崭新领域,比如家庭法、蛮荒时期的法律、种族歧视、法理学和隐私权,等等。为了鼓励法律的经济分析研究,他创办了《法律研究杂志》(*Journal of Legal Studies*),并于1972年至1981年间任该期刊主编②,同时担任了国家经济研究局(National Bureau of Economic Research)的副研究员。

波斯纳关于法律经济学的著作多倾向于作实证主义的阐释(positive explanation)。③ 特别是,他认为普通法事实上已然是

---

① See Richard A. Posner, Affirmative Action: The Answer to Discrimination?, Am. Enterprise Inst. Round Table, 1975. pp. 34~45.

② 法律经济学领域出现的最早的专业性杂志,是1958年由迪雷克特创办的《法和经济学杂志》(后来由科斯接任主编),它成为法律经济学最早的和主要的研究阵地。后来出现的一批专业性杂志中就包括1972年由波斯纳创办的《法律研究杂志》;1979年泽布(Richard Zerbe, Jr)主编的《法和经济学评论》;1981年由英国的罗立(Rowly)和奥格司(Ogus)主编的《国际法和经济学评论》;1982年阿兰森(Aranson)主编的《最高法院经济评论》;1985年由马肖(Mashaw)和威廉姆森(Williamson)主编的《法、经济学和组织杂志》;由拜考斯(Backaus)和斯迪芬(Stephen)主编的《欧洲法和经济学杂志》等。这些杂志为法律经济学在世界范围内的传播作出了不可替代的贡献。

③ 实证主义法律经济分析认为,普通法法官已经将(社会)财富最大化作为判案的标准。See Dworkin, Is Wealth a Value?, 9 J. Legal Stud. 191 (1980).

有效率的。① 自1979年开始,通过引入规范性的视角,波斯纳将他的研究又向前推进了一步,他认为,财富最大化应当是法律体系的最合理的伦理基础。② 在1980年左右,波斯纳开始将他的分析发展为一个具有内在一贯性的规范性理论③,并且在《正义/司法的经济学》一书中进一步阐述了他的哲学理论。④ 他的目标之一便是将财富最大化理论与功利主义相区分,后者作为公认的一个包含着各种瑕疵的伦理体系,是波斯纳尽力想避免有所关联的。他努力阐明效益最大化理论相较于功利主义的更优越之处,从而使得他的法律经济学理论更能为世人所接受。据2000年的一个有关法学引证率的研究,到当时为止,《正义/司法的经济学》是他的著作中为人们引证最多的一本。⑤ 在波斯纳学术思想发展过程中,这也是一本重要的著作。波斯纳在写作此书时,是法学教授的身份;而就在该书首次出版的那年,波斯纳被任命为美国联邦上诉法院的法官,开始了另外一种法律人的职业生涯。法官生涯对波斯纳的影响如此之大,以至于他在两年后此书再版前重读它时,不由感叹自己"似乎在阅读其他人写的东西"(1983年版序)。

———————

① See Richard A. Posner, The Economics of Justice 103～106 (1981); see also Posner, A Reply to Some Recent Criticisms of the Efficiency Theory of the Common Law, 9 Horfstra L. Rev. 775, 776 (1981),将法学和经济学区分为独立的科学:一为实证性的,一为规范性的。波斯纳将实证主义定义为"对规则和普通法的实际效用的解释"。

② 规范法律经济分析主张,案件的判决应以使社会效益最大化为依据。See Posner, A Reply to Some Recent Criticisms of the Efficiency Theory of the Common Law, 9 Horfstra L. Rev. 778 (1981).

③ See Richard A. Posner, The Ethical and Political Basis of the Efficiency Norm in Common Law Adjudication, 8 Hosfstra L. Rev. 487 (1980); Posner, Utilitarianism, Economics and Legal Theory, 8 J. Legal Stud. 103 (1979).

④ See Richard A. Posner, A Reply to Some Recent Criticisms of the Efficiency Theory of the Common Law, 9 Horfstra L. Rev. 775 (1981).

⑤ Fred R. Shapiro, The Most— Cited Legal Books Published Since 1978, 29 Journal of Legal Studies 397 (2000).

正在阅读中的波斯纳

　　法律的经济分析作为反垄断诉讼的一个要素开始变得流行起来,自然也给波斯纳带来了商机。1977 年,波斯纳和他的朋友威廉·兰蒂斯和安德鲁·罗森菲尔德(Andrew Rosenfield)合伙开了一家咨询公司(Lexecon Ltd.),向律师事务所和公司提供经济事务上的咨询服务。公司的生意十分红火,给波斯纳带来了不菲的收益。直到 1981 年,波斯纳接受美国总统里根(Ronald Reagan)的任命①,才不得不放弃了他在公司中的股份。从此,他就成为了一位最忙碌也是最重要的联邦法官②,同时在芝加哥大学的身份也变为高级讲师,但仍然坚持每年开两门课程。

―――――――――

　　①　同时接受里根总统任命的联邦上诉法院法官还有博克和温特两位在法律经济学方面颇有造诣的法学家。同年(1981 年),里根总统还通过颁布了 12291 号总统令,要求所有新制定政府规章都要符合成本—收益分析的标准。参见,罗伯特·考特、托马斯·尤伦:《法和经济学》,上海三联书店 1991 年版,前言部分。

　　②　在任联邦上诉法官期间,波斯纳每年平均撰写八十件以上的上诉审判决意见书(这意味着每周近两件),数量之多使他位居撰写司法意见最多的美国联邦上诉审(包括最高法院)法官之列;并且不像绝大多数法官,他从不用法律助手捉刀代笔。同时,在联邦上诉审法官中,他的上诉审判决意见也位于其他联邦法院引用率之前茅(大致高出平均数三倍)。事实上,法官的角色曾在一定程度上影响了波斯纳的学术创造,例证是在波斯纳担任法官的头几年,发表的论文明显少于 1981 年,而到 1985 年后,他又开始恢复了原来的学术创造力。

三、忙碌的法官和学者

作为法官的波斯纳依然饱受争议——他自己却似乎非常享受这一点。在审理案件的时候，他首先做的不是研究判例中被缩略了的指示，而是尝试自己去寻找明智的解决方案，再去对照判例有没有将此排除。1991 年，波斯纳判决一群治安官员并没有违反宪法第四修正案——在该案中，这些治安官员在没有授权书以及可能事由的情况下，查封了一座房屋。波斯纳的理由是治安官员们并没有进入房屋，而是将其"整个儿搬走了"。这个判决被最高法院以一致意见的形式推翻了，大法官们讽刺说波斯纳的判决"很有创意"（creative）。①

波斯纳发现法庭上的繁文缛节阻碍着惩罚犯罪和开放市场的要务。他说："我没有充分地融入这个法律职业。我就像一个没有被完全驯服的宠物，仍然不能很容易地理解律师为什么要说他们不信仰的事情——许多人在进法学院的前两周就明白了。如果一个人显然犯了罪，你还说那么多干吗？"②

在波斯纳眼中，他所在法庭上接触的律师实在是水平一般——辩论环节的表现乏善可陈，而上诉状之类文书的又写得足够糟糕。大部分刑事辩护律师的上诉文书也让人难以卒读。若要比较的话，州检察官撰写的诉讼文书水平最低，水平最高的是几个大律师事务所的律师（尽管很少有让人眼前一亮的，但总算技巧上不错），小律所的律师和单独执业律师的表现还过得去，而联邦政府——司法部和其他联邦机构工作人员的表现也是不错的。对于评价诉讼文书好坏的标准，波斯纳更关注的是对事实和法律的阐述及分析，而对花言巧语般的诡辩则嗤之以鼻。③

---

① See Larissa MacFarquhar, An interview with Richard Posner, The New Yorker, Dec. 10, 2001.

② Larissa MacFarquhar, An interview with Richard Posner, The New Yorker, Dec. 10, 2001.

③ See Jeffrey Cole, Economics of Law, An Interview with Judge Posner, 22 Litigation (1995).

在律师们眼中,波斯纳法官则享有如下声名:他苛刻但不凌厉。一些律师认为波斯纳的司法风格让人难以理解。1994年,在波斯纳任首席法官期间,芝加哥律师委员会(the Chicago Council of Lawyers)发表了对他的评价——这显然是许多在他庭上"吃过苦头"的人所作控诉的集锦(distillation)。这份评价说,波斯纳经常对律师的辩论感到厌倦,倾向于将争论引导到他感兴趣的问题上去。该集锦的结束语是这样的:"相当多的律师认为,首席法官波斯纳对事实的态度一般是不予以足够的注意,或者忽略重要部分,为的是得到他自己想要的结论……首席法官波斯纳不那么受判例、历史和上诉审的限制条件的应有约束……他在其关于本杰明·卡多佐的书中说'上诉法院的法官是英美法理学中的关键人物'。"①这段话无论精确与否,都有助于我们理解首席法官波斯纳先生的个人形象。

身为学者与法官的波斯纳

尽管波斯纳与他的法官同事们的思维如此不同,以至于常常被指"诡异",波斯纳的辛勤工作显然还是为他赢得了广泛的赞许和认同。一件特别的事例发生在2000年,在波斯纳所在的联邦第七巡回区的一个决定中,多数派法官否决了波斯纳(当时临时充任地区法院法官)的一个裁决。但就在这一司法

---

① See Larissa MacFarquhar, An interview with Richard Posner, The New Yorker, Dec. 10, 2001.

意见开头的第一个脚注中,作为波斯纳同事的这些法官写道:
"当时,联邦地方法院亟须新增法官决定此案,我们的首席法官
波斯纳自愿承担了这一地方法官的工作,听审了此案,这充分
证明了他对工作的献身精神。当然,法官波斯纳同时也承担了
他在本院的全部工作。并且,作为我们巡回区的首席法官,他
还完成了大量的行政管理职责。他所做的甚至还远不止这些。
他撰写的书要比许多人毕生阅读过的书还多。更重要的是,当
时,他正用业余时间,在联邦政府针对微软公司的反托拉斯案
诉讼中,作为某法院任命的特别调解人,努力工作。很显然,波
斯纳法官的工作实在是太多了,远远超出了人们的承受能力。
这充分证明了波斯纳法官的才华,他能同时处理这么多的角
色,并且还是如此的严密、杰出和潇洒。"[1]来自同行们的由衷的
赞美和敬佩之情,可谓"滔滔不绝"。

在 2005 年,有传言说,波斯纳很可能会成为取代美国联邦最
高法院大法官桑德拉·德·奥康纳(Sandra Day O'Connor)[2]的有
力竞争者,因为他作为学者和联邦上诉法院的法官的表现实在太
出色。但罗伯特·S. 波恩顿(Robert S. Boynton)在《华盛顿邮报》
上撰文说道,波斯纳永远不可能坐在最高法院的法官席上,因为即
便他"才华横溢",却发过太多貌似"反道德的"厥词。例如,波斯纳
1999 年在《力登》(Raritan)杂志中撰文说,法治不过是法律意识形
态的一种偶然且可有可无的因素而已;他还主张说,允许在自由市
场上买卖婴儿比起现行的由政府管制的收养制度来说,会带来更
好的社会后果;他甚至还赞同大麻和迷幻药的合法化。[3] 就在

――――――――

① 朱苏力:《波斯纳文丛》总译序,载[美]理查德·波斯纳:《法理学问题》,苏力译,中国政法大学出版社 2002 年版。

② 桑德拉·德·奥康纳(Sandra Day O'Connor,1930—),自 1981 年起直至 2006 年退休,任美国联邦最高法院大法官(Associate Justice)。她是第一位出任美国联邦最高法院大法官的女性。她的法哲学思想随案件不同而变动不居,政治立场又极温和,因此在任职的多年里常常因为左右摇摆而成为决定最后判决的重要一票。

③ See Robert S. Boynton, "Sounding Off", a review of Richard Posner's Public Intellectuals, The Washington Post Book World, January 20, 2002.

2007年,他关于以色列首席法官亚哈朗·巴拉克(Aharon Barak)以司法能动主义为主题的《民主政体下的法官》(The Judge in a Democracy)一书所发的评论还在以色列激起了轩然大波——用"语不惊人死不休"来形容波斯纳绝对恰如其分。

近些年来,波斯纳或多或少地要求自己静下心来考虑,究竟法律所可能产生的效果是什么(法律的范围究竟有多大),但有时他也会产生更野心勃勃的想法。二十年前,他主张自由市场不仅仅是产生财富的有用工具,同时也具有道德上的价值,因为借助衡量他们所愿出的价格高低,市场会将资源配置到最需要它们的人手里。他随即遭到了无数人的攻击,其中最有名的应属当代法律界的权威人物罗纳德·德沃金(Ronald Dworkin)。德沃金曾指出,某人为某一物品付出高价的愿望并不能代表他对于该物的需求就最强烈;进而,根据波斯纳的逻辑,没钱的人将不名一文,而至于什么原因导致了他的穷困则不过问。

波斯纳几乎就这个世界上所有的主题写尽了书和文章,也被邀请出席各种各样的场合并作演讲,邀请方不仅包括大的律师事务所,亦包括不少无名小卒类的协会和社团。在美国律师协会的年度庆典上,波斯纳的身影总是随处可见。在2001年于芝加哥举行的会议上,波斯纳穿上他的灰色西装,打着花格纹的领带,戴着顶旧草帽抵挡烈日的炙烤,忍受了数日的反反复复的介绍引见、签名、摆pose照相(波斯纳迷们总以与他合影为荣)。会后波斯纳所接受的第一个演讲邀请来自一个名曰"抄写员"(Scribes)的团体。波斯纳从没听说过什么"抄写员",但他对它的使命——鼓励以法律为题材的风格迥异的写作——颇感兴趣,因此接受了他们共进午餐的邀请。

波斯纳关于法律修辞学的重要性的感受无疑十分深刻。例如,在他写的关于布什—戈尔选举的《打破僵局》一书中,波斯纳说道,最高法院所作出的有利于布什的判决的最大问题在于,其修辞功夫不到位。这一判决以实用主义观之是正确的,因为它化解了一个政治危机,但法官们没能用令人信服的法律行话来掩盖这一判决的实用主义性质。①

　　波斯纳是哲学上的实用主义和政治主张上的古典自由主义的不寻常的结合体。② 对波斯纳的政治和道德主张很难用几句话加以概括。因他的父母曾与美国共产党过从甚密,从他的童年时代直到作为布伦南法官的助手时期为止,总的来说他都可以算是个自由主义者。然而,到20世纪60年代末期,波斯纳的保守主义倾向开始显露。从现在来看,即便总体上说他算是个右派,他的实用主义、他的道德相对论和道德怀疑论③,以及他对于尼采思想的迷恋仍然使得他与大多数美国的保守主义者划清了些界限。除了尼采之外,霍姆斯(Oliver Wendell Holmes, Jr)和汉德(Learned Hand)两位大法官也对他影响颇深。④ 事实上,十几年来,波斯纳都一直称自己是一个实用主义者,意思是他相信在对立的道德立场中没有客观存在的道路可供选择。实用主义有种不虔诚的却鼓舞人心的独特之处,让他能从中找到快乐。"政治是充满敌对的,"波斯纳说,"它是关于拉拢朋友和排挤敌人的。自由主义的最大谬误在于,它相信如果我们可以与通情达理的人合得来,我们之间就能在任何事上达成一致。但事实上我们不能:冲突是不可避免的,它是自然的基础部分,存在于暴风雨中,也存在于人际关系中。"⑤

---

　　① See Richard A. Posner, Breaking the Deadlock: The 2000 Election and the Courts, Princeton University Press 2001.

　　② Robert S. Boynton, The Washington Post, January 20, 2002.

　　③ Richard A. Posner, The Problematics of Moral and Legal Theory, 111 Harv. L. Rev. 1637~1642,46 (1998).

　　④ 一向自负的波斯纳将霍姆斯称为"美国法史上的杰出人物"(the preeminent figure in the history of American law),参见 Jeffrey Cole, Economics of Law, An Interview with Judge Posner, 22 Litigation 1995. 此外,"霍姆斯作品的特点,也就是波斯纳作品的特点,具有朴素、平直之美(波斯纳在司法意见中从没用过脚注)"。参见朱苏力:《波斯纳文丛》总译序,载[美]理查德·波斯纳:《法理学问题》,苏力译,中国政法大学出版社2002年版。

　　⑤ See Larissa MacFarquhar, An interview with Richard Posner, The New Yorker, Dec.10, 2001.

　　波斯纳有他自己心目中的偶像。其中,首要的就是科学方法或者科学本身。波斯纳扩张了科学的方法,使之包含"间接证实",作为科学理论的一种形式,他借此扩张来运用于他所钟爱的领域——经济学。① 对于他而言,这一理论之美不仅在于它是真实的,更在于它"帮助我们控制我们的生理和社会环境"。② 他说,要"强调科学的优点(思想开放、不尚空谈的探索),重视研究过程而不是研究结果,它喜欢生动性而讨厌停滞,不喜欢没有实际差别的区分"③。

　　波斯纳喜欢指责法官们不愿面对道德问题,而只乐于解决策略上的问题。比如说,在"布朗诉教育委员会案"(Brown v. Board of Education of Topeka)④中,法院只是纯技术性地作出了

---

　　① See Richard A. Posner, The Problematics of Moral and Legal Theory, III Harv. L. Rev. 1647 (1998).

　　② See Richard A. Posner, The Problematics of Moral and Legal Theory, III Harv. L. Rev. 1647 (1998).

　　③ [美]理查德·波斯纳:《法理学问题》,苏力译,中国政法大学出版社2002年版,第37页。

　　④ 该案的案情是:堪萨斯州托皮卡的布朗夫妇要求当地学校允许他们的孩子到专为白人子弟开办的学校上学但被拒绝,布朗夫妇遂根据宪法第14条宪法修正案关于平等保护的原则,向地区法院提起诉讼。结果,地区法院以"隔离但平等"原则为依据,判决布朗夫妇败诉。1954年,布朗夫妇上诉到联邦最高法院,控告堪萨斯州托皮卡地方教育委员会在学校中进行公开隔离的种族歧视的作法。类似的案件在其他州也时有发生,基本上都是由黑人未成年人请求法院援助,取消种族隔离,以使他们获得进入其所在社区公立学校学习的权利。这些案件涉及到一个共同的法律问题:黑白分校是否仍能维持教育机会的平等,是否与第14条宪法修正案中"平等的法律保护"条款相违背。所以,联邦最高法院将这些案件放在一起考虑,并和布朗夫妇的诉讼一起作出了裁决。联邦最高法院在判决中指出:这一案件中所涉及的黑人学校和白人学校在有形条件方面是平等的,如学校建筑、课程、教师工资和资格以及其他有形条件等。因此,判决不能仅依靠对两个案件中所涉及的白人学校和黑人学校的有形条件进行对比,而必须探讨种族隔离本身对公立教育的影响。联邦最高法院援引了"斯威特诉培恩特案"和"麦克劳林诉俄克拉荷马案",判决:"在公立教育领域中,'隔离但平等'的理论没有立足之地,隔离的教育设施实质上就是不平等的,因此,我们认为,原告们以及这些诉讼所涉及的其他与原告们处于相同境遇的那些人,由于他们所控告的种族隔离的原因,被剥夺了联邦宪法第14条修正案所赋予的法律平等保护权利。……公立教育中的种族隔离是违反法律平等保护的规定的。"

反对种族隔离的判决,认为种族隔离伤害了黑人学生的自尊——尽管在大多数人看来这一判决意味着黑人拥有自尊是法律基于道德因素的考虑,但在1954年时,对于黑人是否有自尊几乎是个没有争议的命题。波斯纳一直坚持同时也是最令人疑惑的信念是,实践一个纯粹"实用主义的"法理学理念是可能的。他认为,正因为在试图定义一项内涵不明的法律的含义时没有一条既定的客观的路径,因此法官应该放弃自高自大的道德性的宣讲,而简单地依据怎样做有利于社会财富最大化来作出判决——而不用理会决定何者最有利于社会财富最大化本身就是个有争议的问题,因为这样做的话道德原则会不可避免地陷入危机。波斯纳无数次地遇到这一问题,也作出过不少次让步,但通常而言还是会坚持自己的主张。[①]

多年以来,波斯纳始终未能找到最终的解决途径,直到他接触到卡尔·施密特(Karl Schmitt)的思想,才似乎找到一条路径。施密特是20世纪早期的德国政治理论家,他坚信对于解决道德或政治冲突没有客观的路径可选,因为所有的信仰都是特定民族或文化群体的信仰,并且不存在一个普适性的理性,能够协调二者。施密特认为,保证稳定性的唯一选择是,将那些与大多数人的信仰相冲突的人们从大多数人中隔离出来。他也曾用这一论断来支持纳粹将犹太人驱赶出司法系统的做法。尽管施密特的理论被借用来支持丑恶的行径,波斯纳还是引用了他的逻辑来得出相反的结论。在《法律、实用主义和民主》一书中,波斯纳写道,美利坚大地上有着无数种彼此不兼容甚至互相矛盾的观点,并且要将他们同化成一个和谐的法律哲

---

① 在波斯纳的书中,可以反复读到他宣称自己提出了一个伟大且实用、解释力强的工具和对许多案件所作出的评论,也会见到他语气一转说他只是用这个工具姑且四处探索推测而已,经济效率、财富最大化不是一切,然后表示不敢对任何分析所得的结果下是否善恶的定论。也有学者认为,这不过是波斯纳借着机巧聪明的措辞,想把需要负的责任推干净。参见林立:《波斯纳与法律经济分析》,上海三联书店2005年版,第27页。

学是根本无望的,因此解决之道就是保证不同的观点由不同的法官所代表。① 波斯纳推理说,任何一个法官都不能彻底抛弃自己的好恶和直觉,因此寄希望于多个不同的法官最终能放弃自己的观点并达到大致上的正义是可笑的。②

自担任联邦上诉法院法官以后,波斯纳出版的著作主要包括:《侵权法:案例与经济分析》(1982 年)、《联邦法院》(1985年)《侵权法的经济结构》(1987 年)、《法理学问题》(1990年)、《卡多佐:关于声望的研究》(1990 年)、《经济学视野下的艾滋病流行》[1993 年,与托马斯·菲利浦森(Tomas Philipson)合撰]、《超越法律》(1995 年)、《衰老与老龄》(1995 年)、《联邦法院(第 2 版)》(1996 年)、《英格兰和美国的法律和法律理论》(1996 年)、《法律的经济分析(修订版)》(于 1977 年、1986 年、1992 年、1998 年、2003 年和 2007 年陆续出了第二至七版,平均不到 5 年修订一次)③、《法律与文学》(1988 年出版,1998 年增订)、《国家事务:对克林顿总统的调查、弹劾与审判》(1999 年)、《打破僵局》(2000 年)、《私法的经济基础》(2002 年)、《法律、实用主义与民主》(2003 年)、《知识产权法的经济结构》(2003 年)、《公共知识分子:关于衰退的研究》(2003 年)、《大灾难:风险与回应》(2004 年)、《阻止突袭:

---

① 比较令人感到奇怪的是,在这一点上,施密特和波斯纳二人都热情洋溢地支持多元文化主义:他们相信不同的人群拥有不同的观点,普适性的理性只能存在神话中。

② See Larissa MacFarquhar, An interview with Richard Posner, The New Yorker, Dec.10, 2001.

③ 《法律的经济分析》一书所采用的结构非常灵活。整部书中,除了少数论述制度性问题外,主要是分析例证,这样为作者随着司法判例的发展对它进行修改,特别是在内容上进行增加预存了空间。与 1973 年的首版相比,每一次再版时,各章都在前一版的内容上作了一定的增加和修改。例如在第一版的基础上,1977年的第二版收编了当时的一些文献,并且增加了关于侵权赔偿、法律规则制定、契约、家庭法、信托投资法、公司信贷等方面的内容。此后的每次再版都有所增加,从而该书所涉及的范围越来越广泛。然而,不论它的结构如何庞大也无论它如何散漫,但始终没有离开的一个论题便是:用经济的方法分析法律。

9·11后情报部门的改革》(2005年)、《靠不住的防护:处于改革阵痛中的美国情报制度》(2006年)、《并非自杀式权利法案:国家紧急状态下的美国宪法》(2006年)、《剽窃小谈》(2007年)、《对恐怖主义的还击》(2007年),等等。

其中,《超越法律》和之前出版的《法理学问题》及《道德与法律理论的疑问》,构成了波斯纳法理学著作的"三部曲"。此"三部曲"与诸多法理学流派,如法哲学、法社会学、政治哲学和道德哲学等有关。《法律与文学》一书自1988年出版以来,一直都是"法律与文学"这个跨学科领域的标准教材,曾经入围美国国家书评奖。该书所说的"文学"包括经典文学和大众文学,而且涉及了阐释学甚至知识产权法。《性与理性》一方面与性、家庭、婚姻、同性恋、色情读物有关;另一方面,作为知识传统,也体现了社会生物学的许多洞见。《衰老与老龄》则分别与老人、老龄化和社会学有关。《联邦法院》不仅研究了一个具体的司法制度,而且同政治学、特别是司法政治学、制度理论有关。《公共知识分子》与(特别是与法学)知识分子和知识社会学有关。然而,所有的这些所谓"有关"都是相对的,因为几乎每一本书中都涉猎了不同的学科知识,是真正的交叉学科的研究。

将波斯纳的著作和思想引入中国的朱苏力教授将波斯纳的著作大致分为四类:第一类是作为教科书的《法律的经济学分析》;第二类集中于一个主题展开论述,如《法理学问题》、《反托拉斯法》、《联邦法院》以及《道德与法律问题的疑问》,这类著作主要是依据传统的论题来组织结构著作,结构上比较古典;第三类著作的主要结构框架是从法律的角度切入一个先前法律较少染指的领域或社会现象,例如《法律与文学》、《性与理性》、《衰老与老龄》、《公共知识分子》以及《经济学视野下的艾滋病流行》等,借助一个个题目来讨论一系列与之相关的问题;第四类著作主题更为松散,各编之间的问题似乎联系甚少,但如果仔细一点,就可以看出联系各编、章之间的主要是一条理论线索。例如,联系《超越法律》各编、章的主要是实用主义,

《法律理论的前沿》则从经济学进路切入 5 个相关的社会科学领域,不仅展现了交叉学科研究的必要性,而且看到了这些相关社会科学的理论逻辑的一致性。[①]

在波斯纳的著作中,有相当大一部分被翻译成中文、法文、德文、意大利文、西班牙文、日文、韩文和希腊文出版。其中,到 2000 年为止,中国就出版过煌煌十余本的《波斯纳文丛》。波斯纳的学术著作的被引用率也是美国当代法学界中最为突出的。[②] 除此之外,波斯纳撰写的司法判决意见也影响甚广。

尽管没拿过博士学位(Ph. D.),但随着他声名远播,一连串的名誉法学博士的头衔直奔波斯纳而来,主要包括:意大利锡拉库扎大学(Syracuse University, 1996 年)、杜肯大学(Duquesne Univerist, 1987 年)、乔治城(Georgetown University, 1993 年)、耶鲁大学(Yale University, 1996 年),宾夕法尼亚大学(Pennsylvania University, 1997 年)。1994 年,波斯纳获得弗吉尼亚大学的托马斯·杰弗逊纪念基金会的法学成就奖;1998 年,他被威廉玛丽学院授予马歇尔·Wythe 奖章。他同时还是美国法学研究所(American Law Institute)、蒙特·派乐林协会(Mont Pèlerin Society)、世纪协会(Century Association)的成员,美国文理科学院(American Academy of Arts and Sciences)的研究员,大英科学院的通讯研究员(Corresponding Fellow of the British Academy)、劳工和就业律师学院(the College of Labor and Employment Lawyers)的名誉研究员,欧洲法律与经济学杂志(the European Journal of Law and Economics)编委会成员,美国

---

① 朱苏力:《思想的组织形式——〈正义/司法的经济学〉译序》,载[美]理查德·波斯纳:《正义/司法的经济学》,苏力译,元照出版公司 2002 年版。

② 据 1999 年的几个研究分别发现,1978 年以后出版的引证最多的 50 本法学著作中,波斯纳就占了 4 本(并属于前 24 本之列),数量第一;他的总引证率也是有史以来最高的(7981 次),比位居第二名的学者(德沃金,4488 次)高出近 80%。正如将波斯纳介绍入中国的朱苏力教授所言,"如果引证率可以测度影响力,那么当仁不让,波斯纳是在世的最有影响的法学家"。参见朱苏力:《波斯纳文丛》总译序,载[美]波斯纳:《法理学问题》,苏力译,中国政法大学出版社 2002 年版。

国会图书馆的顾问,美国经济联合会和美国法与经济学联合会
(the American Economic Association and the American Law and E-
conomics Association)的会员。他还曾于 1998 年担任伦敦边沁
俱乐部学院(Bentham Club of University College, London)的名誉
院长。[①]

四、生活逸事

生活中的波斯纳也显得颇为与众不同。波斯纳与妻子沙
琳·霍恩(Charlene Horn)女士共同养育了两个儿子——肯尼斯
(Kenneth Posner)和埃瑞克(Eric Posner)。肯尼斯现在在纽约
做证券分析师,而埃瑞克则"子承父业",成为芝加哥大学的法
学教授,并且研究法与经济学。[②] 此外,波斯纳还有三个孙辈。

波斯纳与妻子及他们名叫黛娜的猫一起住在海德公园的一
座装饰低调而宜人的房子里,距离芝加哥大学只有几个街区。
沙琳个性保守而能干,她惯常的表情是警觉性的微笑,表明她
很有想法。她戴着宽边的花镜,头发长度中等,看起来就像个
20 世纪 60 年代的女孩。黛娜是一只灰色的缅因猫,它的坏脾
气长久以来一直折磨着波斯纳。尽管如此,波斯纳还是"像奴
隶一样无原则地讨好它"。[③]

---

① Judge Richard A. Posner Brief Biographical Sketch, http://home. uchicago.
edu/~rposner/biography.

② 埃瑞克同样是耶鲁和哈佛大学的高材生。1993 年,他在宾夕法尼亚大学
法学院取得教职;1998 年至今,在以法律交叉学科研究著称的芝加哥大学法学院
任教授。《法律与社会规范》是埃瑞克·波斯纳的第一本学术专著,2000 年由哈佛
大学出版社出版后,在美国法学界引起了不小的反响。在该书中,埃瑞克·波斯纳
开创性地构造出了信号传递—合作模型,根据贴现率的差异把理性行动者划分为
不同类型的博弈参与人,将博弈论的理论资源应用于社会规范的分析,从而大大地
拓展了法学研究的方法论,并对利他主义、婚姻家庭、符号行为、种族歧视等极为大
量的社会现象和人类行为提出了富有创见和启发意义的分析,令人信服地展示出
了其理论模型所具有的解释力。

③ See Larissa MacFarquhar, An interview with Richard Posner, The New Yorker,
Dec. 10, 2001.

埃瑞克·波斯纳(Eric Posner)及其专著《法律与社会规范》
(中英文版封面)

波斯纳喜欢除了狗之外的一切可爱的动物。他不喜欢狗,部分是出于责任感,因为他觉得,既然他那么爱猫,就不太适合再"移情别恋"去喜欢狗;同时也是因为他发现自己着实厌恶狗的性格——多年前,他和沙琳住在华盛顿时,养着一只挪威猎鹿犬,无论何时,无论何人,只要稍微惹了它,它就会狂躁地吐舌头,令波斯纳大受刺激。波斯纳特别喜欢猴子,猴子的这种吸引力大概来自它的社会生物学意义上的感觉,猴子很人性化,比人少了许多虚伪。多年前,他看一个关于狒狒的自然节目,觉得着实有趣,于是决定打电话给动物园要求收养一只狒狒。

波斯纳每个工作日的上午都在法庭①,下午则回家进行写作。他的书房在二层的一个拥挤但有秩序的房间。在壁炉架上,他放了一小帧黛娜的照片和两张他的孩子——埃瑞克和肯尼斯的照片。紧挨着的是波斯纳从艺术杂志上剪切下来并装

---

① 据有人称,担任联邦法院法官不过是他正式而日常的工作而已,事实上他这个"公共知识分子之王"更专注于芝加哥大学法学院那份更为活跃的事业。See Gary Rosen, Wall Street Journal, January 15, 2002.

裱的一张照片———只用后腿站立着的毛发浓密的叙利亚大颊鼠,它的姿态让波斯纳想起了卢浮宫的"萨莫色雷斯岛的希腊胜利女神像"。在书架的上端,放着二十多年前波斯纳开始做法官时,经济学家乔治·斯蒂格勒制作并赠送的天平:天平的一面刻着"公平",另一面的字体更大、更粗,写的是"效率"。

波斯纳不喜欢浪费时间,所以他选择了走固定路线[他说自己"顽固而日尔曼气"(rigid and Germanic)]。但是,如果说仅仅是他的习惯促成了他多产的著述,那是不公平的:他设计了自己的生活,不让任何娱乐来分他的心。沙琳负责了所有的家务——波斯纳形容他与沙琳的关系是传统的犹太人的夫妻关系,面色苍白的学者丈夫在家研究学术而妻子参与世俗活动。波斯纳常常会很长时间都用不到自动取款机,他需要钱的时候,就直接从沙琳的钱包里往外拿。

沙琳负责每日的烹饪,唯一的例外是在每个周五的晚上,波斯纳总要亲自下厨。为了开胃,他将烟熏鲑鱼、洋葱片、刺山果调味剂和柠檬放在一起;主菜是鸡尾酒虾,他将蛋黄酱做的沙司、鸡尾酒沙司混在一起用于调色,放上一点糖,一滴伍斯特郡沙司以及两勺(秘制)葡萄酒。他从来不为客人做这种沙司,因为他担心这种比例不是线性的,如果给两个以上的人准备,他就会出错。波斯纳很少出国度假。他说自己是个谨慎的旅行者,对异国他乡的盗贼和鳄鱼都忧心忡忡。他喜欢造访瑞士,但是,他说:"我明白见识更广的人会认为瑞士很乏味。"①在2001年世贸大楼倒塌之后的一两天里,他也会停下工作去看电视,唯恐对未来袭击的忧惧让自己成为不自在的飞机乘客。

一年有那么六次,波斯纳和沙琳会请人吃饭,受邀请的人一般是波斯纳最好的朋友威廉·兰蒂斯及其夫人。但总的来

---

① See Larissa MacFarquhar, An interview with Richard Posner, The New Yorker, Dec. 10, 2001.

说,除此之外,波斯纳在尽可能地回避社交生活。他说:"人们讲的事情都没趣,许多社交活动就是发呆。我情愿去读书。我有一位朋友,他是瑞典的经济学家,他跟我说瑞典的电视节目很不好看,所以人们就通过相互拜访来消磨时间。但我觉得这比看电视还要糟糕,因为看电视的时候,你也在接受信息乃至道德启示,你开始以更友好的态度对待单亲母亲或者在别的方面能有所收益。但是,社交,尤其是家庭圈子内的社交有什么意义?你跟你的朋友絮絮叨叨讲身边琐事,这算个啥呢?"①

一幅关于波斯纳的漫画

---

① See Larissa MacFarquhar, An interview with Richard Posner, The New Yorker, Dec. 10, 2001.

第二章　波斯纳思想的独创之处

无论从哪个角度来说,波斯纳的思想都算得上是独到的。在从事法学研究之初,当波斯纳进入这个"经过完美编排的观念及逻辑系统",试图依靠陈旧僵硬的术语,在崇高的理念(公平、正义、自然法等)下就"宏大主题"进行工作时,就感到厌倦和反感。为了表明对此的藐视,他不惜挑战道德哲学,并对校园道德哲学家进行了全面清算。他将自己的法理学原则公式化,锻造成三个重点,形成了他独特的"超越法律"的眼光:以面向未来的实用主义作为法官内心的基点;以"效率"作为核心衡量标准,用成本—收益核算下的财富最大化原则作为评估一项法律判决是否有效的最重要方式;用"科斯定理"的思维来安排和建构法律权利的框架。

一、法律的经济分析

1973 年,波斯纳的一部《法律的经济分析》,给整个法律界带来了一场"革命"(《纽约书评》语)。这部著作一举为法律经济学划定了属于自己的领地,它的出版"标志着法律经济学完整的理论体系的建立"①,标志着一个新的法学流派在学派林立的美国法学界已站稳脚跟,也为波斯纳本人奠定了不可捍动的学术地位。

需要说明的是,尽管目前人们在重新反思法律经济学的学

---

① 　[美]尼古拉斯·麦考罗、斯蒂文·G.曼德姆:《经济学与法律——丛波斯纳到后现代主义》,吴晓露等译,法律出版社 2005 年版,代中译本序。

科性质定位等问题时,已开始努力区别"法与经济学"与"法律的经济分析"的不同之处①,但在本书中,法律的经济分析(Economic Analysis of Law)、法律经济学(Economics of Law)、经济法理学(Economic Jurisprudence)、法律的经济方法(Economic Approach to Law)和法律与经济学(Law and Economics)都指的是用经济学的方法和理论来考察、研究法律和法律制度的形成、结构、过程、效果、效率及未来发展的经济学和法学交叉的一门边缘学科。只是由于法学和经济学研究者所持的学科立场和研究视角的不同,而在"冠名"上有所分歧。实际上,这也在一定程度上表明了这门交叉学科在社会科学中的重要地位。

(一)法律经济学发展概况

法律经济学不仅涉及有关法律价值等具有法哲学意义上的法学理论问题,而且涉及具体的法律问题和几乎所有的部门法领域。② 它以"个人理性"及相应的方法论的个人主义作为其研究方法基础,以经济学的"效率"作为核心衡量标准,以"成本—收益"及财富最大化方法作为基本分析工具,来研究法律问题。自始至终贯串其中的一条主线就是把效率作为法律的基本价值目标和评价标准,立法、执法和司法都要有利于社会资源的配置和社会财富的增殖,尽量减少社会成本。

---

① 如麦乐怡在《法与经济学》一书中明确指出,两者是既有联系,又有区别的学科,应该加以区分。简而言之,"法律的经济分析"只是在新古典主义的经济模式中研究既定社会制度中的法律问题,而"法与经济学"的研究应注重经济哲学、政治哲学与法律哲学的相互关系,分析和评估可供选择的多种社会模式,研究和探索选择各种不同社会模式的法律制度与经济关系的后果。参见[美]罗宾·保罗·麦乐怡:《法与经济学》,孙潮译,浙江人民出版社 1999 年版。

② 包括民事、刑事和行政程序,惩罚理论及其实践、立法和管制的理论及其实践,法律的实施和司法管理实践,以及宪法、海事法、法理学等各个方面。但是,法律经济学的研究重点是"普通法的中心内容——财产、合同和侵权"。(参见[美]尼古拉斯·麦考罗、斯蒂文·G.曼德姆:《经济学与法律——丛波斯纳到后现代主义》,吴晓露等译,法律出版社 2005 年版)按照波斯纳的说法,法律经济学家以前对法律的研究基本局限在反垄断法和政府对经济实行公开管制的领域,而法律经济学的研究重点则转向了并不公开管制的法律领域。

现代学术史上一个有趣的现象是,一方面学科之间不断分化、学术壁垒不断增强,另一方面学科之间又不断交叉和融合,新学科由此产生。作为法学和经济学交叉融合而成的经济分析法学,其产生的背景,既有这两门学科内在扩张动力的需要,更有社会经济发展的需要。经济分析法学发展的历史表明,该学科既冲击了现代法律分析,重整了现代经济学尤其是新自由主义经济学思维,更是对现代西方国家赖以生存的社会、经济、政治、法律等方面的基础提出了新的思考和挑战。

经济学本质上是实证科学,注重数据分析;而法律是调整人们相互关系的行为规范。对于人的行为难以作定量分析,因此人们以往极少运用经济学理论和方法去分析法律制度。20世纪以来,尤其是第二次世界大战以后,西方各国政府逐渐加强了对市场经济的调节和控制。法律在经济生活中的作用越来越大,人们开始认识到法律与经济有着不可分割的联系。对法律的经济分析在可能的条件下不仅是定性的,而且是定量的,从而使人们可以比较精确地了解各种行为之间经济效益的差异,进而有助于改革法律制度,最终有效地实现最大程度的经济效益。

法律经济学有其产生的特定背景。其一,法律现实主义运动和当时的经济大萧条。传统的西方法律哲学(无论是自然法学派,还是分析法学或是社会学法学)一直都忽视法律与经济之间的内在联系和相互作用。[①] 因此,很少有人甚至没有人试图系统地把经济学原理和方法引入法学研究领域,自觉地运用有关经济学理论、方法来研究法学理论问题和具体法律问题。到了20世纪30年代初,由于当时严重的经济危机所造成的对社会经济秩序的剧烈冲击使法律在此时显得苍白和无力,促使人们寻求新的法律模式。这就必然要求改变传统的法学研究

---

① 严存生:《新编西方法律思想史》,陕西人民教育出版社1989年版,第328页。

内容,改变纯粹的逻辑推理式的法律演绎和归纳法,于是在美国兴起了法律现实运动。人们开始将法律与包括经济在内的相关学科结合起来进行研究,以便能对已经出现的社会现象进行合理的解释。受到来自法律现实主义运动和经济大萧条两方面的推动力,经济学和法学实现了真正的结合,从而导致了一个新兴的法学流派的诞生。①其二,现代政府转型的后果。19世纪的学术界一般将政府定位为专职于负责安全和秩序的"守夜人"。而20世纪西方国家受福利经济学和社会主义运动的影响,政府开始向"保姆"角色转型,负责起全体国民"从摇篮到坟墓"的福利状况,积极干预收入分配,建立起庞大的社会福利体系。同时,随着经济从私人领域转为公共领域,政府还需要对经济增长负责,去积极地干预资源配置。即使美国这样没有走向全面福利的国家,也将经济增长率作为政府在和平时期唯一的合法性支持和动员全社会的目标。如此的后果,必然是政府越来越深地介入到社会经济各个领域中去,主要的手段就是有关社会和经济立法。在立法之前,需要经济理论提供理由,如是否干预垄断以保证市场竞争效率、是否对低收入者提供救济手段以及哪一种救济手段更好,等等;立法之后,需要用经济学方法来评价立法的效果,以决定下一步的对策。同时,在推行经济政策、改善企业效率、提高经济增长率(多数时候需要给企业减税,从而有利于富人)和扩大社会福利以更多保护

---

① 张乃根:《当代西方法哲学主要流派》,复旦大学出版社1993年版,第211页。一方面,以弗兰克和卢埃林等赫赫有名的法学家为首所发起的当时风靡美国的法律现实主义运动,促使人们改变以往的概念式的法学教学,将眼光更多地投向复杂多样的社会现实。这场运动对本世纪美国的法学教育和研究产生了深远的影响,导致了一些法学院尝试性地开设经济学、社会学、政治学等课程。另一方面是当时美国大萧条所带来的经济危机,让人们认识到市场并非万能,它也需要政府的管制,面对如何管理市场这一问题,经济学家将目光投向了法律,即政府如何利用法律手段干预经济。这一需要使法学和经济学紧密结合起来。所以早期出现这一学科中的代表人物多为经济学家,其分析对象多局限于反垄断法等政府管制市场的成文法规。

穷人的利益(需要增加税收)之间,存在着两难选择的矛盾,需
要经济理论给予说明和论证。20世纪70年代以后,经济学界
对政府过分干预经济和社会福利状况的新角色表示不安,并对
干预效果产生怀疑,从而掀起了"新自由主义经济学"运动。这
场运动对政府经济、社会立法的动机、成本和效益进行全面的
衡量,结论是反对政府对经济和社会过分的立法和行政干预、
强调市场机制的自发作用和私人产权的重要性。总之,随着20
世纪政府角色的转型,无论是赞成政府通过立法来干预社会和
经济状况,还是进行反对,都对用经济学来分析提出了要求。

其三,学科间的相互渗透。20世纪前的很长一段时期,法学研
究与其他学科的发展基本上没有直接的联系,几乎是各行其
是。正如博登海默所说:"至少在法制生活中的某些重要时代,
盛行着这样一种趋向,即把法律建成一门自给自足的科学,完
全以它自己的基本原理为基础,不受政治学、伦理学和经济学
等学科的外部影响。"[1]二战后,由于科技迅速发展,使人们日益
感觉到,对于世界这个有机体,单靠每个学科独自孤独的力量,
难以获得清晰和全面的认识。于是,各个学科之间相互渗透,
出现了许多交叉学科。与此相适应,法理学也越来越多地注重
与法学有关的政治、经济、社会等诸问题的研究,其中,特别是
法学和经济学的相互渗透,从而最终导致了法律经济学这一流
派的产生。[2]

---

[1]　[美]博登海默:《法理学——法哲学及其方法》,邓正来译,华夏出版社
1987年版,第233页。

[2]　严存生:《新编西方法律思想史》,陕西人民教育出版社1989年版,第
314～315页。

英国法学家边沁(Jeremy Bentham)

　　法律经济学的思想渊源包括:其一,功利主义理论。功利主义理论是由 18 世纪英国著名的法学家杰里米·边沁(Jeremy Bentham)创立的。边沁的功利主义理论以研究的本性开始,认为"趋利避害"、"避苦求乐"是人的自然本能,是人们对待利、害、苦、乐的共同态度,是人们行为的唯一动因。[①] 根据功利主义理论,功利是基于人类本性而产生的,是判断一切行为和制度好坏优劣的最高和唯一标准。功利原则是人类伦理不证自明的最高原则,狭义作用于个人,广义作用于社团、社会、国家。边沁为立法确立了两个原则:第一,立法以社会效益为检验标准;第二,立法应以最小的损失谋求大多数人的最大幸福。[②] 从以上可以看出,在边沁那里,已经隐隐约约地把法律和经济这

　　[①]　严存生:《新编西方法律思想史》,陕西人民教育出版社 1989 年版,第 188 页。

　　[②]　严存生:《新编西方法律思想史》,陕西人民教育出版社 1989 年版,第 192 页。

两种现象结合一体地进行研究了。其二，制度经济学理论。制度经济学（Institution Economics）是 19 世纪末 20 世纪初在美国出现的一个经济学派。它主张运用制度—结构分析方法，分析制度因素和结构因素在社会经济发展中的作用，并提出政策建议。① 特别是新制度经济学以交易费用或交易成本为核心范畴，分析和论证制度的性质、制度存在的必要性以及合理制度的标志。它考察的重点不是经济运行过程本身，而是经济运行背后的产权关系，即经济运行的制度基础。通过考察和分析产权关系，来合理地界定、变更和调整产权结构，以降低或消除经济运行中的交易费用，提高经济效率，改善资源配置。在一定意义上，可以说法律的经济分析学与新制度经济学是同一枚硬币的两面。② 其三，福利经济学理论。福利经济是现代西方经济学的一个支派，也产生于 19 世纪末 20 世纪初。该学派认为：经济学的任务就是研究资源如何配置才是有效益的，即促进社会福利的增加和最大化。③ 意大利福利经济学家帕累托④根据个人境况的好坏变化提出"最适宜状态"概念——"帕累托最优"（Pareto superiority）⑤来作为检验社会福利是否增殖的标准。由于"帕累托最优"难以实现，有诸多局限性，人们便对其标准进行修正、改进，从而提出"卡尔多—希克斯标准"（Kaldor-Hicks efficiency）来检验社会福利是否增殖，资源配置是否有效

---

① 陈正云：《刑法的经济分析》，中国法制出版社 1997 年版，第 22 页。

② 张文显：《二十世纪西方法哲学思潮研究》，法律出版社 1996 年版，第 200页。

③ 陈正云：《刑法的经济分析》，中国法制出版社 1997 年版，第 24 页。

④ 意大利经济学家帕累托（1848—1923）并不只是纯粹的经济学家，同时也是社会学家或政治哲学家，所以其提出的原则与其说是科学技术性的，不如说更具有价值判断性质。

⑤ 帕累托最优是指，如果因为一个政策或私人的活动促成的变化是使某些人的状况得到改善时，没有其他任何人的状况变差（即至少维持平盘），则我们就可以说新的情势比起旧的是"帕累托更优的"。帕累托更优的最起码条件是"有部分人的情况变好而部分人变差"。

率。"卡尔多—希克斯标准"的核心论点是:如果资源配置的任何改变使一些人的福利增加而同时使另外一些人的福利减少,那么只要增加的福利超过减少的福利,就可以认为这种改变使社会福利总体实现了增殖,因而这种改变也是有效率的。[①] 法律经济分析的规范研究之所以要确立这种经济效率标准,主要原因在于"帕累托最优"往往只能适用于市场中的自愿交易场合,而在许多社会活动中,法律规定的权利是无法在市场上交易的,或者是无法通过市场自愿交易来转换的。

意大利经济学家帕累托(Vilfredo Pareto)

严格来说,"法律的经济分析"或说"法律经济学"的历史可以回溯至 20 世纪 30 年代。从那时起,芝加哥大学经济学系和法学院的经济学家,就没有间断过关于反垄断和产业管制问题的研究。1939 年,芝加哥大学法学院在开设了一套包括经济学、会计学和法学的研究课程后,又任命了原经济系教师西蒙

① 陈正云:《刑法的经济分析》,中国法制出版社 1997 年版,第 25 页。

斯作为法学院的第一位经济学教授,开设"公共政策的经济学分析"课程。此后,西蒙斯又将亚伦·迪雷克特引入法学院,迪雷克特和爱德华·列维合作开设了有关垄断法的课程。在40年代中期,芝加哥大学还成立了一个研究中心,致力于从事"一个有效率的竞争经济中合适的法律和制度框架的研究",从而极大地推动了芝加哥大学法学和经济学学科交叉的研究。自30年代到50年代这一阶段,由于主要由经济学家担纲演出,他们对法律问题的兴趣仅仅局限于几个狭窄的领域(如公司法、税法和竞争法),法律人则置身事外,在一旁坐壁上观,因此这一时期的探索,被称为"旧的"法律经济学,以区别于之后在芝加哥大学发展起来的"新的"法律经济学。

1958年由迪雷克特创办的《法和经济学杂志》(*Journal of Law and Economics*)(后来由科斯接任主编)成为了法律经济学最早的和主要的研究阵地。1960年,经济学家罗纳德·科斯发表了《社会成本问题》(The Problem of Social Cost),将权利分析和交易费用概念引入经济学关于资源配置效率分析框架之中,标志着"新的"法律经济学的问世。[①]《社会成本问题》中所提出的著名的"科斯定理"告诉人们,私人之间的交易在谈判、签约、监督执行过程中会产生相关费用,即交易费用。同一交易过程在不同的法律制度框架中进行时,所涉及的交易费用是不同的,过高的交易费用将对私人交易形成障碍,从而影响资源配置的效率。有效的法律制度安排能够节省私人交易的费用,减少私人谈判达成协议的障碍,有利于资源配置结果的改善。因此,"科斯定理"通过引入"交易费用"这一核心概念,将法律制度安排与资源配置结果两者有机地结合在一起,为运用经济学的理论与方法研究法律问题奠定了基础。1961年,阿曼·A.阿尔钦发表了《关于产权经济学》一文,运用效用理论和最大化方法研究了产权制度问题;同年,耶鲁大学法学教授

---

① 参见易宪容:《科斯评传》,山西经济出版社1998年版,第92页。

吉多·卡拉布雷西发表了《关于风险分配和侵权行为法的思考》(Some Thoughts on Risk Distribution and the Law of Torts),这两篇论文的研究内容涉及了普通法的两个非常重要的领域——财产法和侵权法,标志着经济学的分析进入了传统上属于法学家的普通法研究的具体领域,经济学被普遍运用于立法及司法的考量之上,法律人也加入成为研究的伙伴,甚至跃升为主要的角色。① 20世纪60年代以后,经济学在法律分析领域的发展是一个疆域不断拓展的蓬勃发展的过程。随着经济学研究方法的更新,交易费用分析、比较制度分析、公共选择、博弈分析、演进博弈分析、实验经济学等新的分析工具又被运用到法律经济学中,"经济学帝国主义"②在法律经济学领域得到了淋漓尽致的体现。

(二)波斯纳的法律经济分析理论

目前新法律经济学已形成了几个活跃的理论流派,成为一个开放、竞争的理论系统,分别为法学和经济学提供了若干创造性的思想源泉。这包括波斯纳领头的芝加哥学派(Chicago School Law and Economics)、制度主义和新制度主义法律经济学派(Institutional and Neoinstitutional Law and Economics)、纽黑文学派(New Haven School)、现代公民共和国主义(Modern Civic Republicanism)、批判法学研究(Critical Legal Studies)以及公共选择学派(Public Choice School)等。其中,芝加哥学派由于坚持传统的主流经济学的分析,影响最为广泛,并且成为法律经济学的主流学派。

---

① See Richard. A. Posner, Economic Analysis of Law, 5 Edition, New York 1998, pp. 25 ~ 26.

② 近几十年来,在西方经济学界,经济学不断向其他社会科学学科渗透,形成了许多以经济学方法作为分析方法或体现经济学基本理论的新兴学科,西方经济学家称这种现象为"经济学帝国主义"。他们给"经济学帝国主义"下的定义为:经济学帝国主义是对包括诸如消费者选择、企业理论、(直接的)市场、宏观经济行为等古典问题范围的扩展。

为波斯纳赢得相当高声望的《法律的经济分析》一书，是"一部类似于法律经济学'百科全书'的经典作品"。这部著作系统体现了芝加哥学派的核心主张，也集中阐述了他自己的法律的经济分析理论。《法律的经济分析》提供给读者的是一种有益的抑或广阔的、全方位的视野，在该书中，波斯纳把宪法、民法、刑法、商法、国际法、知识产权甚至总统免责通通纳入经济分析的维度，不仅涉及了美国的法律理论、普通法、市场的公共管制、企业组织和金融市场的法律，而且还详细、深入地探讨了法律与收入和财富的分配、法律程序以及宪法和联邦制度等问题，用朴素、直率、睿智的语言风格将他的理念徐徐展开，娓娓道来。

正如波斯纳自己在《法律的经济分析》中文版作者序言中所指出的那样，该书旨在"将经济理论运用于对法律制度的理解和改善"①。其讨论集中于美国（现实的）法律制度，研究的主要目的仅在于"使法律制度原则更清楚地显现出来，而不是转变法律制度"②。这本书的主要命题是：（1）经济思考总是在司法裁决的决定过程中起着重要的作用，即使这种作用不太明确甚至鲜为人知；（2）法院和立法机关更明确地运用经济理论会使法律制度得到改善。波斯纳断言，

《法律的经济分析》一书的
英文版封面

---

① ［美］理查德·波斯纳：《法律的经济分析》（上册），蒋兆康译，中国大百科全书出版社1997年版，中文版作者序言。

② See Richard. A. Posner, Economic Analysis of Law, 5 Edition, New York 1998, p. 27.

对于任何一个试图探究法律在社会生活中的作用这一基本问题的社会和学者团体而言,法律经济学都是一种"极为有益的理论视野"。的确,通观《法律的经济分析》这部代表着法律经济学最高成就的著作,作者提供给读者的正是这样一种有益的、广阔的和全方位的视野。

在《法律的经济分析》第一章中,波斯纳就开宗明义写道:"本书的写作是出于经济学是分析广大范围法律问题的有力工具这一信念之上的。"①至于经济学,波斯纳将其定义为"一门关于我们这个世界的理性选择的科学"——在这个世界,资源相对于人类的欲望是有限的,因而经济学的任务就在于探究以下假设的含义:人就其生活目的、满足方面是一个理性最大化者,即人是"自利的"。"人是其自利的理性最大化者"意味着人们会对激励(incentive)作出反应,也就是说,如果环境发生变化,而一个人通过改变其行为就能增加他的满足,那他就会这样去做。

这意味着法律的设计也可以依此而得到灵感。因为:第一,由于人类的欲望无穷而资源有限,现代国家也都以照顾民众福祉为目的,法律相应地应该被设计成为减少资源的浪费、追求效率以协助人民实现其最大满足的工具。第二,人会依据追求自利的原则对"诱因"作出反应,相应地,在国家欲借助法律这一工具达成某项目标时,自然可依此加以设计。② 第三,追求最大化自利的人们在人际的往来中,在"法律真空"下会彼此自行协商,以达到双方都获得最大利益的结果,而符合效率的要求。因此,对于规范人际关系和人际互动的法律的设计,应全面仿真以体认"若当事人彼此在自由协商下,他们将会希望

---

① See Richard. A. Posner, Economic Analysis of Law, 5 Edition, New York 1998, p. 11.

② 例如,当国家增加刑侦事业的投入和公安人员的数量,提高破案技术和手段,以提高刑事案件破案率并修改法律加重刑罚时,企图为非作歹者就会认为犯罪的成本太高而放弃为恶的念头。

是采取何种交易方式",即会达成何种共识。从"理性最大化者"(rational maximizer)这一对人性的定义出发,波斯纳推导出了三大定理:(1)需求规律,即消费者会设法以有限的资源获得最大的满足;(2)替代价格或"机会成本(opportunity cost)",即出售商品者将追求最大获利,将商品卖给出最高价者;(3)在自愿交易(即市场交换)下,资源总会趋于最有价值的使用,达致最优(optimum)的结果。

在接下来的篇幅中,波斯纳界定了许多现代经济学的术语。这些术语凝聚着丰富而深刻的思想,是理解法律经济学的关键。这些术语包括交换、市场、效率、价格与需求量的负相关系、边际效用、交易费用以及制度等。①

首先界定的是"效用"(utility)的概念。"效用"是经济学家最常用也是最让他们感到棘手的概念之一。波斯纳指出,在传统的内涵以外②,"效用"还指"预期效用",也就是预期中的,尚未被实现、被感受到的满足。波斯纳对"价值"(value)概念的定义充分代表了波斯纳只以市场机制(即"真正在市场上能够成交的价格")为客观基础来判定一切(包括精神情感、健康、才能、物品)的"价值"高低,以彻底抛弃"功利主义"以个人主观的、无法计量的"满足感"来判定一物的价值。依此,波斯纳定义:某人有意愿购买(willingness to pay)某物的出价,并且真有

---

① 张文显:《二十世纪西方法哲学思潮研究》,法律出版社 1996 年版,第 207～211 页。

② 传统上,"效用"是指"欲望的满足程度",它是"幸福或满足程度的衡量尺度"。但它是主观的,每个人都只能依自己的偏好及感受去自行考量作选择,以求达到他自身所欲的最大满足,而难以跨出个人的主观之外去作人际间的比较。参见 Amartya Sen, On Ethics and Economics, Oxford 1987, pp. 30～31.

能力支付,才是一物的"价值"。① 接着,波斯纳以此为基础界定了"效率"(efficiency):使社会的整体"价值能被达到最大化的资源配置方式"②。也就是说,社会上每个人所欲出售的物品或欲提供的劳务都被最有意愿也就最有能力的人所购买,且金额达到最大的可能性,这就是"效率",也就是社会的"财富最大化"——这便是波斯纳法理学的终极追求。此外,要达到"财富最大化",必须避免资源的浪费:比如,若是私人之间能够以协商的方式,或政府能以政策或法规最佳地避免社会资源的浪费或解决污染的发生,也是促成"财富最大化"的要点之一。波斯纳聪明地补充道,他无意将"财富最大化"当做唯一的价值标准,但他也承认他在《法律的经济分析》一书中的确是单单以"效率"作为考察世界的准则。③

把效率概念当做正义是甚至连许多其他芝加哥学派的理论家也觉得十分困惑的地方。然而波斯纳主张效率"也许是正义最普遍的含义",并且指出"建立在经济原则基础上的道德体系是与日常的道德制度相一致的,并且可以重组我们许多的日常道德制度"。④ 波斯纳试图用一致同意原则为财富最大化规则建立伦理道德的基础。一致同意原则,正如他自己所描绘的那

---

① Richard · A. Posner, Economic Analysis of Law, 5 Edition, New York 1998, p. 13. 为了将"价值"和"效用"二者的区别表述得更清楚,波斯纳举了个例子:某穷苦人家有一个得了侏儒症的小孩,必须注射脑垂体下腺液才能长到正常高度,否则这个小孩将来成了侏儒必定一生受尽痛苦;但可惜他的父母无力购买这种昂贵的腺体液。反之,一个富裕人家孩子的身高本来就可长到正当的高度,而若再注射这种腺体液则可以多长高一点,可以替这个富家小孩的生命多增加一点点乐趣,而这富家小孩的父母就真的买了这腺体液。于是,依照波斯纳对"价值"概念的界定,可以得出结论:"脑垂体下腺液对穷人而言比富人的孩子有更大的'效用'(更能带来幸福),但是脑垂体下腺液对富人比穷人更有'价值'。"

② Richard · A. Posner, Economic Analysis of Law, 5 Edition, New York 1998, p. 13.

③ Richard · A. Posner, Economic Analysis of Law, 5 Edition, New York 1998, pp. 22 ~ 23, p. 29 ~ 30.

④ Richard · A. Posner, Economics of Justice, Cambridge 1983, p. 84.

样,是"与康德哲学强调的把人当做目标而不是手段来对待,简言之,强调自律、一致性的道德标准"①。波斯纳认为,财富最大化就是把功利主义的某些思想和康德哲学的传统融合在一起,强调人的尊严和自律。他还表示,财富最大化作为一个道德概念比功利主义和康德哲学两者都要优越。第一,"追求财富事实上是以自主的市场交易模型为基础的,因而追求财富就要比古典功利主义更加尊重个人选择"②。第二,"经济自由以财富最大化为基础可能要比以功利主义为基础更为坚实"③。第三,"财富最大化原则鼓励和褒奖传统的'加尔文教徒'或'新教徒'的美德和与经济发展有关的各种能力"④。第四,"财富最大化是一个比较容易辩护的道德原则,因为它为分配和补偿的正义理论提供了较为牢固的基础",同时也比功利主义和康德哲学更为坚定地信奉权利原则。而关于信奉权利这一点在功利主义和康德哲学中是十分明显的。⑤ 但波斯纳也指出,支持财富最大化的最有力论据是实用主义:"我们环顾世界,一般可以看到,生活在这种社会——市场运行比较自由的社会——里的人不仅比生活在其他社会里的人更富有,而且享有更多的政治权利、更多的自由和尊严,也更为满足⋯⋯因此财富最大化或许是实现各种道德目标的捷径。"⑥

　　波斯纳显然也知道"效率"或"财富最大化"作为一种价值尺度是有严重缺陷的——即社会总体财富的增加,并不能保证财富的分配是平均的,即并不表示人人的金钱收入都得到改善(更不用说人人的"幸福"都得到改善),故而他指出,有些经济

---

① Richard · A. Posner, Economics of Justice, Cambridge 1983, p. 89.

② Richard · A. Posner, Economics of Justice, Cambridge 1983, p. 66.

③ Richard · A. Posner, Economics of Justice, Cambridge 1983, p. 67.

④ Richard · A. Posner, Economics of Justice, Cambridge 1983, p. 68.

⑤ Richard · A. Posner, Economics of Justice, Cambridge 1983, p. 69.

⑥ Richard · A. Posner, The Problems of Jurisprudence, Cambridge 1990, p. 382.

学家为了解决这个难题,就把"效率"一词只限定在用来描述市场自愿交易的行为。因为经济学上一个根本的重要原则就是自愿从事交易的双方一定要在认为交易能为自己带来利益的前提下才会进行,因此自愿的交易一定会带来双方的利益都增加的结果。[1] 论述到此,波斯纳提出了其所喜爱运用的"帕累托最优"和"帕累托改善"的概念。然而在这个人们的利益彼此相冲突的世界里,且政府所掌握的财务资源又十分有限,想要期待"帕累托最优"的情况实现,是极为困难的。经济学家卡尔多在 1939 年(随即希克斯也加以附和)提出了一种企图借助"补偿的可能性"来摆脱上述之困难的公式。[2] 然而,卡尔多—希克斯原则所要求的补偿只是一种"可能性",一种潜在的能力,而并不需要真正的补偿。对此波斯纳也明确承认:"由于在现实世界中几乎从未满足帕累托更优所存在的条件……则在经济学中,实际在运作的效率概念一定不是帕累托更优意义上的。当一位经济学家在谈论自由贸易、竞争、污染控制、或某些其他政策、或关于世界状况是有效率的之时,百分之九十所指的都是卡尔多—希克斯意义上的有效率。"[3]

由于卡尔多—希克斯原则不要求有补偿的作为,实际上它

---

[1]　波斯纳对此基本观念一再强调:"合同的任何一方除非认为合同会带来让他过得更好的结果,否则不会签这合同。"Richard·A. Posner, The Problems of Jurisprudence, Cambridge 1990, p. 388. "除非双方当事人都预期能使他们的情况变得更好,否则交易就不会发生。"Richard·A. Posner, Economic Analysis of Law, 5 Edition, New York 1998, p. 15.

[2]　卡尔多和希克斯两人认为,如果一项政策导致"一方有得,一方有失"的情形,但是只要此项政策实施的结果能让获利的那一方的获利量大于失利的那一方的损失量(即损益相抵之后"总量"还是增加的),那么可知,若让获利的一方补偿失利的一方后,获利的一方的情况还是会比政策实施前的情况好,则这个政策就有正当性。卡尔多说,要使一个政策正当化,经济学家"只需说明,即使所有遭受损失的人们完全得到补偿,社会上其他的状况仍然比以前有所改善"。转引自,黄有光:《福利经济学》,中国友谊出版公司 1991 年版,第 64 页。

[3]　Richard·A. Posner, Economic Analysis of Law, 5 Edition, New York 1998, pp. 14～15.

就等于是服从了"一个行为不管让多少人受益或受害,只要最后得失相加的结果是让社会财富的总量增加,就具有正当性"的标准,因此引发了极大的争议。对于"帕累托更优"原则的争议虽然较小,但要满足它,除非是在自愿的市场交易行为中,否则亦不易实现。正因如此,波斯纳灵机一动,提出只要将一切生活领域中的事件都模仿自愿的市场交易的形态,就可以实现交易的双方皆获利的结果。法律之中原本充满了许多非自愿性的交易,波斯纳指出:"许多由法律制度影响或由其产生的交易都是非自愿的。大部分的犯罪和事故都是非自愿的交易,一个交付损害赔偿或交纳罚金的司法判决也是如此。"[1]同时,他也承认,以法律为后盾的强制交易形态若是和自由市场的交易形态相比较,将会显出其缺乏效率。[2] 于是波斯纳在此揭示了其学术志向的宗旨,即在一切法律领域中要"企图在强制交换发生的环境中重构与市场交易相似的条件"。[3]

普通法也因此作为"卡尔多—希克斯意义上的资源的效率配置机制"[4]成为波斯纳重点讨论的对象。许多法学家都认为普通法是大量彼此独立分析领域的集合(例如财产法、合同法、侵权法等),而且每个独立领域都有它自己的一套法官制定的法规和原则,但是芝加哥学派却认为从总体上看普通法有基本

---

① Richard · A. Posner, Economic Analysis of Law, 5 Edition, New York 1998, p. 15.

② Richard · A. Posner, Economic Analysis of Law, 5 Edition, New York 1998, p. 16.

③ Richard · A. Posner, Economic Analysis of Law, 5 Edition, New York 1998, p. 16. 波斯纳对此作了细致解释。在每一案件中,对于原本是法律强制规定的交易形态都加以重新思考检讨,先忘记法律强制规定的交易方式,去想象这些事情若是纯粹用自由市场的方法将会如何被解决,或是假设每一种案件若是由人们私下协议,按照人们自己服从"追求最大自我满足的理性"、"减少浪费资源"的行为模式,人们会实现互相约定出什么样的规则来解决未来发生的这些事件。

④ Richard · A. Posner, The Law and Economics Movement, 77 American Economic Review 1981.

的经济学逻辑。这个论点,首先是由科斯在《社会成本问题》一文中提出,并且已经被波斯纳和其他致力于描绘普通法的经济逻辑的学者在众多研究中仔细探讨过。支持这一系列研究的学者称这是法律经济分析的实证研究。

在波斯纳看来,"普通法"一词像其他许多法律术语一样,意义不甚明确。它通常是指 18 世纪英国皇家法院所运用的原则体系;其主要是由法官作为案件审判的副产品而创设的,并非是立法机关制定的法律;普通法不包括任何主要由司法先例形成的法律领域。波斯纳宣称,他关心的主要是第二种意义上的普通法的实体部分,其主要由三个方面构成:(1)财产法,涉及财产权的创设和界定,而财产权是对有价值资源进行排他性使用的权利;(2)契约法,涉及促使财产权向最珍视它们的那些人那里自愿转移的问题;(3)侵权法,涉及财产权的保护,包括人身不可侵犯的权利。波斯纳认为,普通法的经济学理论是指在卡尔多—希克斯的意义上,普通法不仅是一个定价机制,还是作为一个旨在带来一个有效率资源配置的定价机制而为人们所了解。简单说,假设普通法的目标就是要使资源配置的效率最大化,这样就可以理解普通法的发展。其基本论点是,那些通过先例判决来创造法律的法官们试图提高资源配置的效率,从这个视角就可以更好地理解普通法(尤其是侵权法)。针对效率的这种趋势的两方面都可以在文献中得到体现:第一,制定普通法旨在通过契约培育市场交易,以达到提高效率的目的。第二,普通法判决会导致一些资源重新分配,而这种资源分配又会刺激自由市场(要是市场是可行的话)原本存在的一些东西。其中第二个,也就是人们较为认同的基本原理在于法官们会间接地或直接地选择一些能产生有效率结果的法规。一般来说,"这里的假设不是法官们能够或者的确重复了竞争市场的结果,而是在执行法制的成本(通过法规,努力提高效率的成本必须考虑在内)的限制范围内,普通法判决会把经济体制和本是通过有效竞争——一个没有较大的外部性,垄断和信

息问题的自由市场——产生的结果,联系得更为紧密"。① 波斯
纳进而在《法理学问题》中指出:"这就好像法官们想要采纳那
些将会使社会财富最大化的规则、程序和案件的结果。"②

　　波斯纳在论述普通法后,又分别对有关市场管理、商业组
织和财富分配等领域的法律作了经济分析。这些领域的法律
主要是由制定法构成的。

　　19 世纪末 20 世纪初,美国资本主义有了长足的发展,公司
形式发生突变,以巨型托拉斯为形式的垄断组织不断出现,对
美国经济影响甚大,故有制定反托拉斯法的必要。波斯纳写
道:《谢尔曼法》(1890 年)试图通过对抑制贸易的契约施加民
事和刑事制裁从而解决垄断问题。在肯定了这一法律的功效
后,波斯纳并不讳言其也有着"另一种低效率的后果"。并且,
在反垄断案中,法院常常胡乱地处置经济证据。如在美国烟草
公司案中,为了坚持其主要烟草商以共谋来消除竞争的见解,
联邦最高法院认为烟草商在大萧条的 20 世纪 30 年代还提高
其价格是不正常的,尽管存在着这样的事实:成本和需求的下
降只是一个阶段。至于"倾销",波斯纳将其定义为:外国企业
以低于其国内市场销售的价格在美国市场销售其产品。如果
它对美国产业导致"实质性损害",将会被美国法律(《关税
法》)所禁止。《关税法》还将对被发现由生产者政府提供资助
所生产的进口货物征收"反贴补税"。当然,实际引发反倾销、
反贴补税和其他针对外国生产商的所谓"不公平"贸易行为的
措施的考虑远远不仅是对掠夺性定价的关注,而主要是为了保
护美国产业免受真正低成本的外国生产者的竞争,而其动机实
则是"保护主义"政策的体现。

　　"交易费用"(即通过自愿交换而实施经济行为所需要的费

---

① Richard · A. Posner, Economics of Justice, Cambridge 1983, pp. 4 ~ 5.

② Richard · A. Posner, The Problems of Jurisprudence, Cambridge 1990, p.
356.

用）是波斯纳在书中一再提及的一个话题，这一特点也体现在作者对公司的研讨之中。波斯纳首先对比了组织生产的两种方法：契约方法和企业方法。他强调这两种方法都是需要成本的，而公司主要是解决出现在筹措巨额资本过程中的一些问题的方法，其是从商事和法律实践中发展而来的。现代公司的一大特色是所有权与管理权的分离——股东并不管理或控制"他们的"公司，如同债券持有人也不管理或控制公司、信托受益人不管理或控制受托人一样。这三种人都享有投资收益，但他们之间存有差异：股东和信托受益人比债券持有人更容易因经理人员滥用职权和不履行义务而遭受损害。

从总体上说，波斯纳的法律经济分析理论的精神实质可以说是斯密的"看不见的手"思想的现代版本。不过，他已经不再将研究的视角局限于市场定价机制，而是将权利、责任等法律约束和其有效配置引入到其理论框架中，从而从政治哲学理念和法律上层建筑角度论证和支撑私有产权制度和自由放任的市场制度在提高效率方面的作用。这种"看不见的手"范式也正是主流法律经济学"市场本位模式"的立论基础，它通过将理想的市场竞争模型与理想的法治模型联结为一体，来揭示"市场与普通法法治"之间的内在关联，其中交易成本范畴成为联结二者的桥梁。他们认为，在零交易成本条件下，产权明晰的私人交易比政府的矫正有效率。当存在交易成本时，普通法或习惯法比政府或立法机关制定的成文法或宪法有效率。[①] 这样，理想中的"市场竞争模型"和理想中的"法治模型"就联系起来了，其治理机制是，在一个竞争市场上，每个市场交易者都被假定拥有进入（市场权）和退出权，因此个人不可能左右价格，也不可能拥有垄断权力，法律在市场经济的边缘运行并影响到每一个人的机会集，如果双方发现交易都能使其财富和效

---

① 崔之元：《"看不见的手"范式的悖论》，经济科学出版社1999年版，第18页。

用得到改进,他们就会进一步交易;当一方有欺骗行为时,则另一方可选择退出交易;当所有人都认识到此人有欺骗行为时,此人就会被淘汰出局。另一方面,被侵权的一方也可对侵权者提起诉讼,高效率运作的法院系统将会对侵权行为施以惩罚,而这种惩罚可以成为一种责任信号在其他市场交易者的行为函数中构成一个隐含的价格,从而影响其他人的决策信息集,使他们遵守交易规则,促成合作,进而使财富最大化。

将法律体系或法院引入新古典分析框架是法律经济学的特殊贡献。自此,传统经济学中政府和市场之间关系的论争又加入了法律或法院这个维度。波斯纳主张,市场会失灵,政府也会失灵,且政府失灵较市场失灵更甚。因此,最小化的政府是最好的政府;对于市场交易中普遍存在的外部性冲突,如果私人交易的成本过高,就可提起诉讼,通过普通法法院作出最后裁决,而该判例可作为公共知识引导后人的预期行为,促成合作秩序。这样,普通法和市场机制互为表里,互相促进,不仅使资源得到有效配置,也使普通法规则本身得到进化。

波斯纳还将经济分析方法贯串于对税收、法律程序、种族歧视、言论自由等的理解和分析中。

波斯纳将税收理解为"有时是用以改变资源配置和财富分配的,但它主要是用以支付公用事业费用的"。在这里,他表达了这样一个观点,那就是有关税收的效率问题也应当予以重视,因为税收降低了资源使用的效率。波斯纳承认,与其他国家一样,美国的货币收入分配是不公平的。据统计,在1926年,40%最穷的家庭的收入总数还不到全国家庭个人收入的13%;而70年代初,全国20%的最穷的家庭的收入总数还不到全国家庭收入的6%。而5%的最富的家庭的收入却几乎占全国家庭个人收入的15%。[①] 但他又认为,收入不平等的统计数,由于仅限于货币收入,不包括经济福利分配等因素,因而不能

---

① 参见美国商务部人口普查局1971年《美国统计摘要》,第317页。

对社会政策的制定提供明确的指引。他还认为,收入不平等不等于没有效率,因为效率是同经济上的价值概念具有逻辑联系的。假定真正收入高度不平等,作为经济学家,也无法证明实行旨在使社会接近平等的政策就能增进福利。假定两个家庭有不同收入,我们也不能说使他们收入趋于平等就能使他们生活比以前好。一个人之所得,即另一个人之所失。征税的功能有时是用以改变资源用途,例如征收污染税;或者是用以分配财富,但主要是用以作为公共服务的费用。"有效的收入税就是要求使用公共服务的人为其使用支付成本。"①因而公共服务就像私人商品一样,二者区别仅在于公共服务不能出售,而且对那些反对某种公共服务(如国防)或不愿为其(如教育)支付成本的人,仍要提供服务。所以征税政策应兼顾分配和效率。对某种活动征税可能会成为使人们改行去做征税较轻活动的刺激。如果假定有人从事原先活动更有成果,就大可不必去征这种税,以免刺激人们改行,从而导致使用资源效率的降低。但不幸的是尽可能减少征税的不利影响,可能同征税政策的分配目标发生抵触。因此,他主张税收中的资源配置效率最大化的途径应该是:使税率与被课税物品或行为的需求弹性呈反比关系。基于这一认识,他重点考察了不同形式的税收产生的不同的分配和效率后果。

注重法律程序是普通法不同于其他法系的一个主要特点,这一特点在《法律的经济分析》中也得到了充分的体现,且占据了相当大的篇幅。当然,波斯纳更多地是用经济分析的眼光来看待这一问题的。他说,许多诉讼判决的终极问题是,什么样的资源配置才能使效率最大化。在正常情况下,这一问题是由市场来决定的;但在市场决定成本高于法律决定成本时,这一问题就留给法律制度来解决了。就资源配置方法而言,法律和

---

① Richard·A. Posner, Economic Analysis of Law, 5 Edition, New York 1998, p. 212.

市场的根本区别在于市场是一种用以评价各种竞争性资源使用方法的更有效的机制。据此,波斯纳声称,用诉讼而非和解方式处理案件似乎有违以下原则:在交易成本很低的情况下,若能达成双方都有益的交易,则双方当事人就应该进行交易。实际上,大量的法律争议并非诉诸法庭而是以和解处理的,比如只有2%的汽车事故损害赔偿是通过审判解决的。与民事诉讼中的和解谈判相对应的是刑事诉讼中的辩诉交易(plea bar-gaining),它受到两方面的批评:其一,认为它否定了被告的审判程序保护权;其二,认为它将减少科刑。但是,在波斯纳看来,"对经济学家而言,这两种批评都不具有任何说服力",因为用谈判的方法解决争端要比诉讼节省成本。在当今美国,法律延迟和案件数量危机是其司法效率低下的一种表现。对此,波斯纳并不否认,但他认为对法律延迟的许多传统批评都是肤浅的,因为诉讼的需求是大量的,而法官的时间却是有限的。

在"宪法和联邦制度"篇,波斯纳同样也采用了经济分析的方法。他的论断是:从经济学的角度看,宪法的设计和解释涉及效率和民主之间的紧张关系。因为,效率的最大化是宪法通过以下途径实现的:将政府的管制措施限于防止负的外在性和正的外在性;尽可能坚持在其规定的范围内要求政府贯彻成本最小化的政策。州与联邦政府之间划分政治权力、联邦政府三个独立部门(立法、行政、司法)之间的三权分立与制衡,体现了汉密尔顿等人对美国宪政制度的构想,其目的在于防止政府权力的集中化。用波斯纳的话来说,分权的目的就在于防止国家强制力的垄断化,这种垄断的潜在成本比其他任何垄断的成本要高得多。在他看来,美国宪法的创制者们审慎地在政府各主要部门之间进行了分权,这一事实提出了行政程序的合法性问题,旨在避免政治权力过度集中的危险。在此,波斯纳不无忧虑地指出:行政机构由于能够在行使行政权的同时行使司法和立法权而湮没了分权。他坚信,"分权还可能通过更全面地利用分工而降低而非提高政府成本"。基于这一认识,他毫不客气地责问:联邦行政机构经常违反权力划分,它们是效率的模范吗?

美国是一个多民族的国家。长期以来,种族歧视是一个严重的社会问题。波斯纳对这一问题的评论是:有些人有不愿意与自己不同种族、宗教或民族集团的成员交往的感觉(taste),并愿意付出一定的代价以满足自己的这种嗜好。按照他的说法,许多白人的收入会低于他们在没有种族歧视嗜好情况下可能得到的收入,他们放弃了有利的交换,这一种族偏好反过来也会降低黑人的收入。而且由于白种人在数量上占优势,因而他们实际上能够自给自足;而黑人人口却少得多,因此,他们更依赖于与白人的交易。波斯纳相信经济分析可能会有助于我们消除种族隔离命令的设计,这些命令在 20 世纪 90 年代仍得以实施并同时存在争议。波斯纳的设想是,法院可以通过以下手段使消除种族隔离命令对黑人的收益最大化:(1)将命令适用的地理范围划得尽可能大,以便白人家庭迁移的成本最大化;(2)将命令的成本尽可能多地加于黑人儿童而非白人儿童,比如用公共汽车载运黑人儿童而非白人儿童;(3)限制黑人在任何学校中的比例,因为对白人所征的"消除种族隔离税"将随在校黑人儿童和白人儿童的比例而上升。波斯纳作了这样一个比较:虽然美国人看起来要比西欧各国、日本和其他与美国处于相同发展水平国家的公民享有更大的言论自由,但由于美国联邦最高法院在 20 世纪 40 年代开始对言论自由的保护采取一种侵犯性的立场,所以它们之间的这种差距是缩小而不是扩大了。对此,他的分析意见是:当国家变得更为富裕而其人民能得到更好的教育和更多闲暇的时候,限制言论自由的收益(这种收益主要与保护社会和政治稳定有关)与阻碍进步发展、降低思想生产者和消费者福利所造成的成本相比会呈下降趋势。波斯纳指出:美国宪法第一修正案不仅保护密切相关的言论自由、请愿自由、集会自由和出版自由,还保护宗教自由,其综合作用就是政府应该对宗教持中立的态度。[①]

美国法庭诉讼实行对抗制(adversary system,或称辩论制或当事人制)。它不同于民法法系国家的职权制(ex officio system)。[②] 波斯纳也以他的经济分析为对抗制进行了论证。他认为,许多案件判决最终结果都在于资源分配是否能实现最大限度的效率,而这种效率通常是由市场决定的。在市场决定的成本超过法律决定成本的情况下,这一问题就取决于诉讼。作出判决的准则是相同的,作出判决的程序又怎样呢? 在这里又可以见到市场与法律之间的惊人的相似,但又有一些明显的差别。"跟市场一样,法律程序的实行主要依靠以经济上自我利益为动力的私人,而不是利他主义或官员。"[③]对不法行为受害人支付损害赔偿之所以重要,主要是给予他承担法律实施重任的刺激。这样,国家就可以节省警察、检察官等官员的力量。他们的动力不如原告来得多,他们的经济上的自我利益只间接地受到具体案件的影响。所以,为保护私人活动权利的公职人员数量大大少于规定这些权利的法律所调整的活动数量,正如市场运行的公共雇员的数量少于市场所组织的活动一样。再者,"法律程序也像市场一样是竞争性的"。[④] 由于不准单方接触的规则以及实行盘问权等制度,对抗制就使法庭处于一个消费者的地位,它必须在两个决心很强的销售人的类似货品之间作出选择。法律上分配程序是受原被告双方为争取法庭好感

---

① Richard · A. Posner, Economic Analysis of Law, 5 Edition, New York 1998, pp. 234~253.

② "对抗制"主要是指:民事案件中的原被告律师以及刑事案件公诉人(检察官)和被告律师(辩护人)在法庭上"对抗",如主动提出证人和物证,讯问自己的证人和盘问另一方提出的证人等,扮演的极为活跃的角色,陪审官和法官则仿佛是消极的裁决人。

③ Richard · A. Posner, Economic Analysis of Law, 5 Edition, New York 1998, p. 311.

④ Richard · A. Posner, Economic Analysis of Law, 5 Edition, New York 1998, p. 311.

的竞争所支配的。最后，法律与市场类似也体现在它的非人格性上，即它服从分配因素。法官的孤独的超然状态，就像是市场上那只"看不见的手"的复本。当然，作为资源分配的方法来说，法律和市场之间有重大差别。主要在于市场是对相互竞争用途更有效的评价机制。在市场中，人们必须以金钱来作为自己所主张的价值的后盾，对更高价值的要求来说，愿意支付当然比法庭上的活力更有可靠性。法律往往无法确定优先地位和相互价值。

波斯纳在 2006 年出版的《并非自杀式权利法案：国家紧急状态下的美国宪法》(*Not a Suicide Pact*：*The Constitution in a Time of National Emergency*) 一书中，也用到了一以贯之的法律经济分析方法。从实际效果上看，这是一本为美国总统布什"反恐"战略说话的书。为了反恐，布什不仅捏造证据，发动了伊拉克战争；并且在未经国会授权下，命令国家安全局大规模地对私人电话、私人邮件进行监听监控，这一举动被认为严重违背美国宪法第四修正案；布什还不遗余力地推动恐怖嫌疑犯待遇法案，法案是对此前"虐囚案"风波的回应，该法案的核心是为了免除美国审讯人员因虐囚而受到指控。在该书中，波斯纳反复强调，他并非是反对美国宪法，而是对法学家们表述美国宪法的方式感到不满。美国宪法的制定被神话成一个"神圣时刻"，这个时刻诞生出对自由的野蛮维护。在美国宪法的一般性解读中，宪法对自由权利的保护已经被演绎得很极端，它成了一种迷信，它的含义被宽泛宏大地解释，以至于政府很多必要的迫不得已的紧急措施，都会惹上"违宪"罪名，于是，导致大量而持久的口诛笔伐。

波斯纳认为，美国宪法在紧急状态下需要重新表述，实际上，极端性的自由权利保护从来就没有在美国历史中出现过。比如在美国内战时期，林肯总统就取消了"人身保护令"，并限制了泄漏情报的新闻媒体。聪明的法律永远是前瞻的和充满灵活的智性的，波斯纳援引了 1884 年英国"食尸案"。根据英国当时的法律,取食人的尸体是违法的,但是当年有船员因风浪落难,一人毙命,两人狼狈存活,饥饿难耐,不得已分食死者尸体,遭到死者家人的起诉。英国法院最终判分食者无罪,因为在落难的情形下,存活是最高价值,遵守法律刻板的条款是次要的。波斯纳借喻当下:美国的国家安全是最高价值,国民的自由和隐私权利保障则可以稍作迁就。令他厌恶的是,知识界总认为这种迁就是"危险而恐怖的",唯恐会倾覆美国的自由价值,他们多虑得像只麻雀。

根据波斯纳的"财富最大化"原则,在自由价值和国家安全之间进行权衡和评估,它们之间是一种局部替代关系,也就是说,用实用主义的精神来更改双方的边际比例关系:国家安全可以多一点,相应地将自由压缩一些。按照波斯纳理解的产权经济学:恐怖主义产生出新的交易费用,迫使政府意志和公众自由之间的权利关系发生新的调整。波斯纳坚信,灵活的、面向未来的平衡性做法,可以挽回僵硬意识形态产生的损失。他还在书的结尾抨击了最高法院在 1969 年作出的紧急状态下的"没有预期行为的言论煽动是不治罪的",他觉得在国家紧急状态下,应该控制这种言论,即使这种言论不能立即明显地产生危害,但也要警惕,因为危险言论传播和影响的路径是不确定的,危害是不可估测的。①

二、法理学思想

波斯纳眼中的法理学,是"对法律的社会现象进行最基本、最一般、最理论化层面上的分析"②。事实上,波斯纳的法理学思想正是其从事法律的经济分析的思考的要素,也是他终极地看待和认知世界的模式。这种看待及认知世界的模式,不是一

---

① See Richard A. Posner, Not a Suicide Pact: The Constitution in a Time of National Emergency, Oxford University Press 2006.

② Richard · A. Posner, The Problematics of Moral and Legal Theory, 111 Harvard Law Review 1637 (1998).

种客观的视野,而是一种价值观——或者以托马斯·S.库恩的术语来说,是一个"范式"(paradigm);或用伽达默尔的名次来说,是一个"偏见"(vorurteil),是每一个不同的人看待世界所戴的不同的有色眼镜。

从波斯纳的身上,可以看到,经济学和哲学(特别地,在这里是法哲学)的问题可以如此紧密地结合。对此,凯恩斯有云:"真正好的经济学家必须同时拥有多方面的才能。在某种程度上必须是个数学家、历史学家、政治家及哲学家。"①

波斯纳无疑是个"真正好的"法学家,他正好拥有着多方面的才能。在《法律的经济分析》中,当"卡尔多—希克斯原则"和"帕累托更优原则"都无力回答来自"分配正义"的诘问时,波斯纳提出了要在一切法律领域中"企图在强制交换发生的环境中重构与市场交易相似的条件"。② 这一"企图"颠覆的是传统法律所秉持的价值观,取而代之的是用自由市场的方法,或是去设想"追求最大私利"的人们依市场上自由协议的方式经过一番讨价还价之后将会如何自行重新拟定对每一种法律事件的解决方法来"重构"(reconstruct)整个法律规范。

波斯纳认为,社会是众人进行互动的场域,众人的兴趣是会企图"将活动的共同成本最小化"③。但是无奈既有的传统法律基于某些神秘的、无法被证实的"正义"、"人道"、"人性尊严"等价值观所束缚,不惜牺牲效率去达成这些高尚的口号,结果是让人民、让社会付出损失巨大财富或效率的代价。波斯纳以收养婴儿的事情为例指出:明明就有很多人希望能收养孩子(有强劲的需求),而也有人愿意把孩子给别人收养或是弃婴孤儿也需要让人收养(有供给);本来这种事情就让市场机制去解决就好了,但是由于买卖因而或一切人口买卖被人类认为

---

① 转引自黄有光:《福利经济学》,中国友谊出版公司1991年版,第33页。

② Richard·A. Posner, Economic Analysis of Law, 5. Edition, New York 1998, p. 16.

③ 转引自 David D. Friedman, Law's Order, Princeton 2000, p. 297.

是一件极不道德的事情,因此政府立法强行禁止买卖婴儿;而这种事情若不让它通过市场来得到解决,将会有什么后果呢?美国某些州只允许收养在社会机构中被收容的孩子,而收养者要付给社会机构少许金钱,但其金额远远低于自由市场供需定律所决定的孩子的价钱,这等于是政府订立价格上限,结果造成供不应求。① 这种价格管制的结果,将造成"排队(等待)"、"配给"、"黑市"的结果。排队等待是对想要收养小孩者的折磨;配给则造成手握自愿者在分配时的武断专擅,趁机提出各种筛选标准②;黑市或包括一切非法行为则例如对社会机构人员的行贿。或者,波斯纳提到美国有些州允许欲收养孩子者可直接和想把孩子给别人收养的父母(或孕妇)协议,但不准金钱交易(故谈不上是真正的市场行为),只允许欲收养孩子的人可以支付孕妇的医疗费用;但是事实上想把孩子给别人收养的人一定又巧立其他名目或私下收取更高的费用,则欲收养孩子者所付出的代价可能比自由市场交易下的代价更高。③ 波斯纳显然是指这种基于"正义"、"人道"、"人性尊严"等价值观而作的法律强制规定都是穷极无聊的,而其最直接的结果就是造成了社会的无效率,它破坏了市场机能,把市场弄得一团混乱又复杂。他显然在暗示这种管制是没有必要的,因为若是任凭市场机制去运作,采用自由市场的方法,不但有效率,且最爱孩子的人自然会出最高价去买,则这对孩子也是最好的状态,因为可

---

① See Richard · A. Posner and Elisabeth M. Landes, The Economics of the Baby Shortage, 7 Journal of Legal Studies 323 (1978).

② 例如,有些社会机构要求养父母和生父母必须有相同的宗教信仰。See Richard · A. Posner, Economic Analysis of Law, 5 Edition, New York 1998, p. 168.

③ See Richard · A. Posner, Economic Analysis of Law, 5 Edition, New York 1998, pp. 168~169.

以进入到一个最爱他(她)的家庭中。①

　　可见,波斯纳对其他一切伦理道德的价值观存而不论,而在其论著中仅仅愿意依效率及财富的追求来论断人们会怎么做、应该怎么做。除此之外,它建议直接以自由市场的方式,或是去揣测人们若依自由协议的方式经过一番讨价还价之后,将会如何自行重新拟定对每一种法律事件的解决方法来“重构”整个法律的规范。他显然厌弃一切伦理学价值观对法律的先然束缚,因为传统法律人对各种伦理价值谨慎顾及的态度,导致法律对事件的处理往往把效率置于不重要的位置,甚至完全不予考量理会,反而是优先考虑要去实现不是效率的其他价值,而这些价值是波斯纳认为玄虚难测而不想探讨的。事实上,波斯纳在早期的几本著作中,还保持着谦逊、保留的态度,即他还不断地强调“效率”不是唯一的,而他只是姑且从经济效率的角度来作个探索的尝试而已,并不否认“效率”之外还有正义等其他价值。然而,到后来,他却激化了他的立场(或者只是变得更诚实了而已),在 1999 年的著作《道德与法律理论的疑问》(*The Problematics of Moral and Legal Theory*)一书中,他忽然变得毫不留情地大肆嘲讽揶揄并攻击在法律中谈到的哲学是无用的,他陈言:道德分歧是相对的,使法律推理陷于混沌不明的,而且道德理论对人生与司法在实际上也没有起过作用,云云。而后认为,法律应采用专业化、实用主义的态度,不需要玄妙的道德哲学,并运用在社会科学中其科学性发展的最成熟的经济学来追求社会利益的目标。②

---

　　① 有人质疑说出最高价钱买孩子的人未必是最爱孩子的,而是对这孩子有什么不轨的利用之企图(例如性的滥用或其他图谋)。波斯纳则辩护说目前一切保护儿童的法律一样适用于养父母,能够制止这种不法事件的发生。See Richard · A. Posner, Economic Analysis of Law, 5 Edition, New York 1998, p. 169.

　　② See Richard A. Posner, The Problematics of Moral and Legal Theory, Harvard University Press 1999.

《法理学问题》一书的英文版封面　　　《超越法律》一书的英文版封面

　　《法理学问题》、《超越法律》和《道德与法律理论的疑问》，是波斯纳法理学著作的"三部曲"。尽管他的法理学思想贯串于所有作品中，但在"三部曲"中还是阐述得更为集中。其中，又以《法理学问题》最具有代表性。《法理学问题》将当代的许多哲学发展纳入了法理学讨论范畴，从根本上改变了先前法理学的模式，更新了法理学。波斯纳认为，法理学的许多问题是跨越原理、时间和民族的界限的。他坦言，《法理学问题》所关心的并不在于法律的实际操作层面，而是对法律中的一些普遍性、根本性及深刻复杂性问题的哲学思考。《法理学问题》一书的主题不是法律经济学分析，尽管其中渗透了成本—收益分析的精神，它甚至对法律经济学作了相当深入的批判。《法理学问题》渗透着鲜明的实用主义思想，囊括了法理学的众多议题，包含了认识论、本体论、法的运行、价值论等方面，涉及了更为广阔的社会科学和人文学科的领域，从语言学到女权主义，从文学批评理论到传统的政治哲学——它涉及了当代美国法律界和法学界话语的几乎全部一般性问题。在关于这些议题的论述中，虽然没有表现出鲜明的经济分析特征，却也将效率作为法律的一个重要评价方面。

波斯纳关于法律的认识论、本体论的见解,关于法律解释的阐述,关于正义的探讨,都独具特色;对实用主义的应用,更别具一格。

1. 关于法律的认识论

在关于认识论的分析中,波斯纳对法律进行了三个层面的分析,即逻辑、规则和裁量权。对于逻辑和经验的关系,他作了折衷的选择。以兰德尔为代表的法律形式主义认为,法律是严格的规则逻辑过程,法官应该严格遵循规则的逻辑进行推理,不允许发挥主观能动性,进行自由裁量。在这种法律观念之下,立法者独享立法权,法官不能充当立法者的角色,也不能弥补法律上的空白。这种观念遭到了霍姆斯的猛烈抨击。霍姆斯"法律的生命不在于逻辑,而在于经验"的经典话语一个多世纪以来广受传诵。在霍姆斯看来,法官根本不是依据规则来审判案件,而是依据经验、政策和道德观念对案件进行审理。波斯纳的理论则走了一条折衷的实用主义道路。他认为,不强调规则和逻辑推理的作用,并不意味着完全忽略规则和逻辑推理的作用;经验和政策固然为波斯纳所强调,但是经验和政策绝不是法律的全部。

波斯纳还区分了作为规则的法律与作为标准的法律。法律作为规则与作为标准的差别就在于,作为规则的法律具有相当的严格性和细节性,法官只能依据规则,运用逻辑推理审判案件。而作为标准的法律则仅仅提供一个行为的标准,在符合该标准的前提下,法官的行为相对宽松,具有一定程度的自由。因此,法律解释中的自由裁量就是二者之间一个至关重要的差别。对于前者,法官自由裁量的余地较小,而对于后者就享有相当程度的自由裁量权。但是这种二分法也只是相对的。在具体的应用中,有时法律更具有规则的特征,有时则更具有标准的特征。法官是否在一定程度上承担立法者的角色,在司法惯例发挥主导作用的英美法系,的确容易引发争议。法官在审判中的解释具有什么性质,即是立法性质的还是私法性质的,应当受到什么限制,在实用过程中,随法官所持有的观念不同而结论不同。

波斯纳表明,他根本不相信所谓的法律的"形式主义";他所称的所谓的"形式主义"是指:相信法律是一个精密的概念及概念体系,运用某套法律方法论训练所提供的种种推理方法,就能替当下案件"发现"既有法律替它早已准备好的权利或义务。① 既然波斯纳本来就不相信法律早已经给当下案件的诉讼者准备好特定的答案而仅待法官去"发现"此既定的答案,则法官当然能够以"替未来社会发展找出最好的出路"为出路来决定作出怎样的判决。这是法律经济分析学派的拥护者们对"法律是什么"的理解。考特与尤伦在其著作中亦引用霍姆斯的话来表达这种对法律的看法:"法律的生命不在于逻辑,而在于经验。时代所感受到的需求、流行的道德和政治理论、对公共政策的直觉,不论是公认的还是无意识的,甚至法官与其同事所共同抱持的偏见,在决定治理人们的规则方面,比逻辑演绎推理要起更大得多的作用。"②

2. 对法律规则的态度

在《法理学问题》中,波斯纳提出了一个法理学的核心问题:法律是否是,并在什么程度上是客观的、非个人化的、确定的。换言之,法律是否是对法官的司法决定构成一种外部制约。

这个问题贯串了该书的始终,也是法理学不可回避的一个问题。波斯纳认为,逻辑的科学的精神研究在法律推理中的作用有限,法律中的规则的作用也相应地有限。他探讨了其极为重视的法律推理方法——实践理性——即被理解为当逻辑方法和科学方法用尽时人们所使用的多种推理方法,包括直觉、权

---

① Richard A. Posner, The Problems of Jurisprudence, Cambridge 1990, pp. 454 –456.

② Robert Cooter and Thomas Ulen, Law & Economics, 3 Edition, Addison Wesley Publishing Company 2000, p. 57.

威、比喻、深思、解释、默悟、将命题交由时间来检验以及其他许多方法，尽管法律上这些方法经常产生确定的结果，但偶尔它们也有不能产生结果的时候。此时，司法决定不得不基于政策、政治、社会理想、"价值"甚至"偏见"。在此基础上作出的判决就很难确定其"正确"或是"错误"，此时，那些具有必然真理性的确定词汇是没有位置的，一个法官的最高追求也许只是裁决的合乎情理。这样就意味着在法律决定中效率性和经济学的作用也是有限的，实践理性应得到更高度的重视。在这个意义上，波斯纳已经向基于承诺原理的"权利哲学"求和。①

波斯纳主张对规则采取现实主义态度，因为法律规则同样是既有促进作用又有压制作用，在法律上对规则的遵守远没有在游戏中对规则的遵守那样绝对。毫无疑问，法律是具有稳定性的，不可朝令夕改，但也并不是一经制定就不再变化。特别是在普通法中，法官就是这些规则的"破坏者"，他们使用的逻辑不是完全意义的形式逻辑，而是一种实践推理。由于社会政策不断变化，政策又是规则的基础，适用规则的具体情况的改变是无法解决并实现这些社会政策的，所以就需要法官享有自由裁量权。

波斯纳认为，法官作判决不是简单地解释法律，而是实实在在地创制法律。标准的适用使裁判者有更多的信息，但标准越灵活，人们就越无法判断法官适用标准合理与否。造成法官应当享有自由裁量权的另一个原因就是立法的不完善。立法者在创制法律时不可能全都设想到规则在以后使用过程中遇到的所有情况，因此，在没有立法界定的情况下，"法官就必须决定这个词在法律上应当指什么，而不是它通常指什么"。因此，法官实际上就是在不断的重新制订规则，而且规则越是古老，支配该古老规则的法官的活动越是活跃。

---

① Richard A. Posner, The Problems of Jurisprudence, Cambridge 1990, pp. 74 – 106.

3. 法律解释

在《法理学问题》的第三编"对解释的再思考"中,波斯纳集中阐述了其关于法律解释的法律学思想。

波斯纳首先讨论了法律解释与法律的相关性问题。著名的学者德沃金认为,要拯救法律的客观性,法律解释是唯一的路径。对此,波斯纳认为,这种观点只能局限在制定法领域,而在普通法领域则不存在依赖法律解释而保持法律的客观性问题。因此,波斯纳在讨论法律解释问题之前首先讨论普通法和制定法的差别,然后根据这种差别,波斯纳顺理成章地得出了这样一个结论:法律解释问题是一个制定法的问题,从而为法律解释问题的展开划定了外限。

法律就其表现形式而言,可分为制定法与普通法。波斯纳认为,普通法是指主要由法官的司法判决而不是宪法或制定法创制者制定的任何法律。普通法和制定法似乎有深刻的差异,最根本的区别就在于一个是概念系统,而另一个是文本系统。波斯纳认为,一个普通法原则并不比牛顿的万有引力定律更为文本化。普通法原则都是从某个司法意见中推论出来的,但该原则又非这些司法意见本身,也不用这些意见中的特定语言来表述。制定法就不同了,制定法文本是司法决定的起点。制定法文本在某些重要的意义上是不容法官改变的,不能换成法官自己的说法。法官不能把制定法视为对某个概念的一种尝试性的系统表述。他们必须首先从这个制定法抽出这个概念,也就是要对这一制定法作出解释。①

文本对法官的规范性作用决定了法律解释在制定法中的意义。否定法律解释功能的学派中,最强有力的主张来源于形式主义法学:形式主义法学将法律的适用过程仅仅看成三段论的推理。法院追求一种灵感加逻辑的方法,前提是从权威那儿理

---

① 在某种意义上,普通法法官也在"解释"普通法,但这种意义上的"解释"说的是"理解"。

所当然地拿来的、不考察其价值,此后得出结果所使用的唯一工具就是逻辑。然而,作出三段论推理的前提同样是可以选择的,这里同样有解释的作用。当人们怀疑简单的逻辑工具是否足够,甚至是这种怀疑还未显露出来和不那么有清醒意识时,就会要求法官来行使最高的特许选择权。霍姆斯曾经将法律决定的领域划分为逻辑和意志两块,也就是说,逻辑并不能解决法律推理中的所有问题。

基于对制定法和普通法差别的分析,波斯纳得出的基本结论是:法律解释是制定法的一个问题,而普通法则不存在法律解释问题。他认为,要理解和评价普通法,我们无须解释的概念,而且我也想不出这个概念有什么用处。对于不认为解释在疑难案件决定上是获得确定性甚或确信的一种一般说来相当可靠的方法的人来说,在着手处理普通法时无须为解释操心,是一种解脱。

就法律解释的方法而言,根据法律的字面含义解释法律的方法被称为平义解释。霍姆斯大法官就提出过法律解释的这种进路:要问的不是作者的含义,而是在这些词使用的环境中、在一个普通的说英语者口中这些词会具有什么含义,并提出了语言共同体的概念。对于霍大法官这位"偶像",波斯纳对事不对人,反对这一主张。波斯纳认为,所谓"语言共同体",似乎并不像霍姆斯所想的那样,是不证自明的。① 除此之外,霍姆斯的

---

① 波斯纳对此举例予以说明:比如,有个制定法规定,对于进口蔬菜要征税,对进口植物果实则不用征税,这就发生了关税是否适用于番茄的问题。对于植物学家来说,番茄是一种果实,豌豆和大豆也是植物果实,但是对普通大众来说,这些都是蔬菜,因为这些东西都不能当点心的。在此,哪个解释共同体具有相关性呢?假定,在某种程度上,人们知道当初投票赞成该法律的所有立法者都认为该法律不包括番茄,那么,立法者的这种理解又应有多少分量?或者假定,尽管1883年通过这一法律时所有人都把番茄当做植物果实,而今天每个人都把番茄当成蔬菜,并且今天这一法律也还没撤消,那么起支配作用的又应当是哪一种含义?是今天的含义,还是原先的含义?因而,波斯纳总结道,不论答案如何,霍姆斯的公式都难以自洽。

解释进路还面临着另外一个问题,即语言的含混问题。波斯纳将语言的含混分成两类:内在含混和外在含混。波斯纳认为,一个人读了一句话,他懂得书写的语言,但他会对语言使用的环境毫不了解,因此感到不清楚,这时就出现了内在含混。这种含混或者是由于文字中有一种内在的矛盾,或是由于某个词或某个短语具有多种含义,而句子的语法和句法都没有排除这种含混性。例如,宪法第五和第十四修正案中的"正当程序"或第十四修正案中同等保护条款中的"同等"。外在含混带来的后果会是同样的。尽管对不了解句子背景的普通的说英语者来说这句话会很清楚,但对一个确实知道其背景的人来说这句话就会不清楚、被歪曲或者是其含义不同于普通说英语者理解的含义,这时就出现了外在含混。这种不作价值判断的形式主义法律解释方法是不正义的。另外,如果将法律解释看成一种与主权者的"交流"过程,这种交流有时是无法进行的。

　　波斯纳对"字面含义"的谬误提出批评之后,进一步对解释理论进行了归纳和审视,如果将一个制定法概括为一个命令,很自然,就会把解释看成是确认法律起草者的要求,而他们的语词只是解释的线索。波斯纳甚至从根本上否定了法律解释的进路。他认为,人们越是一般性地思考解释,就会离有关制定法解释的重要问题越远,而这个问题是政治的而不是认识的:即在适用制定法和宪法时,法官应该感到自己有多大自由背离文本和立法意图的约束? 解释是一个含混的、总体的,甚至是没有边界的概念,不能根据这一事实就得出认为自己可以对制定法和宪法条款作任意解释的结论。有些解释论者认为,由于他们坚持认为制定法和宪法的决策具有解释的特点,他们就是在主张司法自我约束。其实完全不是如此,因为解释的边界太富弹性了。也许更好的办法是完全摒弃解释这个词,代之实用主义地谈论在制定法和宪法案件中有关司法功能的不同竞争性进路会带来什么不同后果。波斯纳将法律的解释进路概括为两种:向前看和向后看。向后看的思路被称为所谓的

"想象性重构",即回过头想象立法者站在我们的位置,假如他们有我们现在知识,他们会如何看待今天的问题。"向前看"的思路可以称之为目的论的解释,即法官追问自己:"制定法的目的是什么?这样解释是否违反制定法的目的?"

波斯纳对法律解释理论的探索的确功勋卓著,但波斯纳的贡献不在于建构了什么,而在于解构了什么。尽管波斯纳不将法律解释问题归结为一个法律认识论的问题,但大多数人则是通过别人的法律解释而认识了法律。正如波斯纳自己所说的那样,接受法律训练的人往往比一般人更多地看到法律的不确定性,看到了法律解释的多重进路。

4. 实用主义

1991 年 7 月 1 日,在给美国企业研究所(American Enterprise Institution)所作的一次名为"实用主义 PK 法治"(Pragmatism versus the Rule of Law)的演讲①中,波斯纳就表明了他已踏上与他早期的实证—功利主义(positivism – utilitarianism)法理学不同的另一种法理学路径。这与他广为人知的《法理学问题》和前期其他一些著作中所体现的法理学理念也不一样。从这次演讲的内容中可见,他已经转向实用主义,其大部分的观点都与哲学家罗蒂(Richard Rorty)息息相关。当然,他不可能全盘接受了罗蒂的所有法哲学思想,但是可以看出,波斯纳的哲学(或者他更愿意说是"反哲学"(anti – philosophical))姿态大部分都来源于罗蒂。

波斯纳称自己为波斯纳实用主义者(Posnerian pragmatist),是新实用主义法理学派(the school of Legal Neopragmatists)的一员。②但对于什么是实用主义,波斯纳承认并没有精确的定义。

---

① 这次的演讲内容没有被公开发表过,现在所能查阅的只有一份手写资料。可参见,Tibor R. Machan, Posner's Rortyite (Pragmatic) Jurisprudence, 40 Am. J. Juris. 361, 1995.

② See Jeffrey Cole, Economics of Law, An Interview with Judge Posner, 22 Litigation 1995.

对于教义化的实用主义概念和定义,他是排斥的。对他而言,实用主义是一种处理问题的进路,"是一种把政策判断基于事实和后果,而不是基于概念和一般原则的倾向"[1]。它是实践性和工具性的,而不是本质主义的;它感兴趣的是,什么东西是"有用"和"有效"的,而不是这"究竟"是什么东西。因此,它是向前看的,它珍视与往昔保持连续性,但是仅限于在这种连续性有助于我们处理目前和未来的问题的范畴内。

　　波斯纳对实用主义的运用不是常规意义上的,而是哲学意义上的,因此它不含有我们通常所认为的那种贬义。波斯纳自己说道,在他喜欢的意义上"实用主义意味着具体地、实验性地、不带幻想地考察问题,完全理解人类理性的各种局限,意识到人类知识的'地方性'、不同文化间进行解释的艰巨性、'真理'的不可获得性,由此而来保持多种研究进路的重要性,研究对于文化及社会制度的重要性,以及最重要的:坚持始终把社会思想和活动作为实现人类珍视的目标的工具进行评价,而不是作为目的的本身来评价"[2]。另外,波斯纳的实用主义特别强调后果,他强调"要测度法律解释及其他的法律提议是否成立,最好检查一下他们在事实世界中的后果"[3]。因此,后果论在波斯纳的实用主义理论中成了一个检验法律解释的标准。强调后果实际上就是着眼于未来,而非往昔,这是实用主义的能动主义的特点。实用主义的另外一大特色便是重视经验。他指出,"这种实用主义对'事实'很感兴趣,并因此想很好地了解不同活动进程如何操作、特征如何以及有什么后果"[4]。重视

---

　　① ［美］理查德·波斯纳:《道德与法律理论的疑问》,苏力译,中国政法大学出版社 2001 年版,第 16 页。

　　② Richard A. Posner, What Has Pragmatism to Offer Law?, 63 University of Southern California Law Review 1653 (1990).

　　③ Richard A. Posner, What Has Pragmatism to Offer Law?, 63 University of Southern California Law Review 1653 (1990).

　　④ Richard A. Posner, What Has Pragmatism to Offer Law?, 63 University of Southern California Law Review 1653 (1990).

经验的积累以及把有关经验的事实材料反馈于事实世界当中,这种实用主义当然能够促进知识的增长。在这个意义上,实用主义的重视经验与它对试验持包容态度正好不谋而合,因为试验的目的正是吸取有用的知识,以增进对试验对象的了解。

总之,波斯纳认为,实用主义是一种强调改进和行动的哲学。它同实践的、工具性的、向前看的、能动的、经验的、反教义的、怀疑的、重视实验的这些形容词密切相关。也许看到这些形容词,有人会对实用主义有这样一种理解:实用主义是一种趋于功利、虚无主义的哲学。这实际上是大错特错的。借用卡多佐这样一位实用主义者的名言,实用主义致力于教会我们:尽管我们不可能超越本我的限制而认识到事物的本真(这说明了实用主义有谦虚的一面),但在力所能及的范围内,这仍然是一个值得为之奋斗的理想。

波斯纳对实用主义的运用十分具有批判性。形象些来说,波斯纳这样一个理论大师,手持着实用主义这杆长枪,将一个个全副武装、张牙舞爪的敌手挑落下马。他针对形式主义、道德实在论者等的批判很具有代表性。而实用主义对法律的贡献,首先正是表现在它的批判性上,即它肃清了法学理论当中的许多"东郭先生"——这些人雄心勃勃但毫无用处,其唯一的结果便是使法律理论更加混乱与不和谐。比如,波斯纳认为,在传统的法律理论特别是刑法当中,启蒙运动的二元论如主体与客体、心智与躯体、形式与实质等划分占有重要地位,诸如追求本体论意义上的法律是什么的精神实在论者们总是试图在法律中虚构出一个什么东西来,他们对主客观的分类、自由意志、犯罪意图抱有强烈的兴趣,结果不仅没有解决问题,反而使法律失去了宝贵的效率,把问题的解决建立在玄而又玄的哲学争论之上,而另外,那些糟糕的理论家们又喜欢把自己的东西精美地包装起来,故弄玄虚。对此,波斯纳认为他们是在玩魔术,因此"秘密一旦被泄露,魔术就玩不下去了"。又如,在宪法的解释问题上,像鲍克这样的原教旨主义者,总是试图花费巨大的心思揣摩立法者们的立法意图,而波斯纳对此给予了猛烈的批评。他指出,随着社会选择理论的发展,我们已经知道通过投票方式把偏好汇总的难处;而由经济学家复活的,政治学的利益集团理论已经告诫我们:立法过程常常会迎合狭隘联盟的再分配要求,并且——当这样做时——危害了任何可能意义上的公益。于是,在这两种理论的压力之下,从何处发现制定法的含义就不那么确定了。①原教旨主义的法官们在波斯纳看来是不负责任的,他们逃避了本应由他们承担的任务,将这个包袱甩给了立法者们,从而使立法者成为了"替罪羊"。与此相反,实用主义法官的认识前提就是承认制定法解释的特点是充满疑难和争论,因此转而用后果指导自己的决定。波斯纳法官进而说道:尽管法官的话语一直以来是形式主义占据主导地位,但大多数美国法官一直是,至少在他们面对棘手案件时是实践的实用主义者。②并且,"我们有理由认为,在处理案件时,法官理应对摆在其面前的各种可供选择的裁判规则所可能造成的后果予以审慎考量,以权衡利弊"③。

对于这一点,麦考密克教授在其著作《法律推理与法律理论》一书中有专章对那些包含了相关性、解释和分类问题的涉及不同的法律部门和不同的司法管辖领域的案例进行随机的研究,结果发现后果主义的裁判模式广泛存在于各种案件和各司法区中,证明了实用主义这一以结果为导向的判决理论的确是一种普遍存在的司法哲学。④如果我们肯定麦考密克教授的理论努力从而认可其这一结论的话,那么,以结果为导向的实

①　Richard A. Posner, Law, Pragmatism, and Democracy: A Response to Ilya Somin, 16 Critical Review 465 (2004).

②　[美]理查德·波斯纳:《超越法律》,苏力译,中国政法大学出版社2001年版,第459页。

③　[美]理查德·波斯纳:《法律、实用主义与民主》,凌斌、李国庆译,中国政法大学出版社2005年版,第79页。

④　参见[英]尼尔·麦考密克:《法律推理与法律理论》,姜峰译,法律出版社2005年版,第8章。

用主义审判就很有可能由此确立其与规则裁判和原则裁判相并列的一种新的司法哲学的地位。

自然地,即便在敌对理论一个个被攻击得溃不成军之后,波斯纳的实用主义的建构性价值也不能就此在对方的营盘扎上帐篷。实用主义并不能因击败其他理论就自然获得其自身的合法性,因此,不能认为它的批判性与建构性是一枚硬币的两面,因为,其他理论的失败并不能有效地说明实用主义是如何被赋予那种理论的统治力的。于是,波斯纳随后给出了实用主义的建构性理论。这种建构性是实用主义对于法律的最可能大的贡献,他认为其价值体现在:它使法律学术更略为接近社会科学,促使司法"游戏"(这是波斯纳最喜欢用的一个隐喻)更略为接近科学的游戏。在法律理论当中,实用主义的最大的价值便是防止过早地结束讨论问题,而不是实际解决这些问题。

在这里,有必要对波斯纳的实用主义建构性予以说明。波斯纳的建构性仅仅局限于研究法学理论中的态度这一点上。这种建构,是对于态度的建构。还要提到的是,波斯纳对法律的经济分析理论改变了传统的认识论局限,大大拓展了我们对于法律的理解。而波斯纳说过,这种经济学的法律理论和他的实用主义是一致的。在《超越法律》一书中,他鲜明地举起了实用主义、经济学、自由主义这三面大旗,认为在他的法学理论当中这三者是三位一体的。(三者的结合固然使波斯纳的理论在更大程度上满足对于逻辑自洽性的要求,实用主义也从经济学、自由主义那里分了一杯理论贡献的羹,但也不能不说实用主义不可避免地分担了人们对于经济学趋于功利的道德指责,应该说,这种指责是没有道理的。)但是其中经济学是最具有工具性特征的。也许有这样一种可能,无论是波斯纳对保罗·贝特的批评的回应,还是他对实用主义的建构性的避实就虚,都说明了他的心虚,对实用主义建构性的心虚。在他的回应中,也许经济学发挥了重要的作用。

　　波斯纳以他得心应手的语言把握能力、高度抽象的思辨能力以及对事实经验的敏感,对自己的实用主义进行了相当程度的精雕细琢。实用主义并非自由主义一样是一个拥有特定立场的政治流派,也不像现实主义一样是一个有着特定视角的法学流派,实用主义没有一个独特的公式可以计算出任何一个法律问题的答案,一切取决于法官在个案面前的对于后果的权衡,实用主义的"公分母"就是"一种努力以思想为武器、使更为成效的活动成为可能,并以未来为导向的工具主义"①。这就使得实用主义法官摆脱了特定政治立场对于法律问题的判断,而将一切委之于自身对于后果的估量之上。

　　展现在我们面前的波斯纳的实用主义是一种对现在和未来高度负责的处理问题的进路。但是,这种进路不靠任何基础获得,而且,它本身也不提供任何基础。波斯纳说过,"实用主义是一种无须基础的生活哲学"②。这说明了实用主义强大的摧毁性,似乎其存在的唯一价值就是颠覆我们脑子当中那些习以为常的东西。但是,这决不是一种凤凰涅槃似的献身,实用主义在不断的竞争中赢得了自己最宝贵的价值——建构性(一种有限的建构性)。波斯纳认为,传统的法理学已经渐渐失去生命的活力,正在走向暮年。这里面充斥了太多的毫无助益的理论,比如臃肿的道德哲学。而这个看似玩世不恭、残缺不全的实用主义却能给法理学注入新鲜的血液,使其返老还童。他是这样评价实用主义对法律的最大的贡献的:它(实用主义)标志着一种态度、一种导向,同时也标志着一种方向的改变。

三、其他重要作品

　　除了据以成名的法律经济学和贴上"波氏标签"的法理学

---

　　① Cornel West, The American Evasion of Philosophy: A Genealogy of Pragmatism, University of Wisconsin Press, 1989, p. 5.

　　② Richard A. Posner, What Has Pragmatism to Offer Law? 63 University of Southern California Law Review 1653 (1990).

思想外,波斯纳在法律与文学、法律与社会学、社会生物学等方面的研究和造诣也都是他之所以卓越所不可或缺的原因。我们必须承认,"也许就某一个方面而言,有学者可能比波斯纳深刻、先锋,但是没有其他任何一位法学学者可以同时在这些以及其他法律方面同时达到如同波斯纳具有的高度和融贯。"①。

在波斯纳的"等身著作"中,不仅吸收了经济学,而且引进了哲学、社会学、人类学、政治科学、社会生物学、文学和文学理论、史学、修辞学、博弈论等学科的研究成果;这些知识成了他对法律的强有力的分析工具和材料。

波斯纳正在讲授"法律与文学"

法律与文学是美国法学的一大流派,涉及许多问题,波斯纳从其实用主义法学出发,参与了这场讨论,对文学与法律的

---

① 朱苏力:《我喜欢的 10 种书》,载 http://www. fatianxia. com/paper_list. asp? id = 16309。

一系列问题进行了比较细致的分析和讨论,同样展示了他的洞察力和学识,许多分析往往给人以耳目一新的感觉。他的《法律与文学》一书自 1988 年出版以来,就一直是法律与文学这些跨学科领域的标准教材,曾入围美国国家书评奖。该书所说的"文学"包括经典文学和大众文学,而且涉及了阐释学甚至知识产权法。10 年后,波斯纳对初版的《法律与文学》作了重大修改、扩展,重新出版。不仅全书从原来的三编七章扩展到了四编十一章(增加了第三编,考察了"通过文学的法律"这一新的分枝),同时保留的内容也有重大的修改。尽管存在这些不同,但十年里波斯纳对法律与文学的许多基本判断没有明显变化。在 1988 年版中,波斯纳尽管列举了一系列法律与文学的相关性,但他强调,法律和文学相互启发的程度却是有限的;这一领域中的一些实践者夸大了这两个领域之间的共同性,对两者的深刻差别关注不够;他们为使文学看上去与法律相关而曲解了文学理论或某个文学作品,也为使法律看上去与文学相关而曲解了法律。1998 年版中,波斯纳仍然认为法律与文学这个领域充满了虚假的起点、夸张的解释、肤浅的争论、轻率的概括和表面的感悟。并且在两本书中,与惯常一样,波斯纳运用了大量的经济学分析方法。

在《性与理性》中,波斯纳采纳了社会学和社会生物学的研究结果,对性、婚姻、家庭制度进行了社会制度和法律制度的考察,将生物经济学及成本、效益、需求曲线、次货(inferior goods)等经济学术语用来分析和界定性行为。他把现代社会科学对"人性"的研究成果融入法律制度分析的做法,对法学是一个发展。波斯纳指出,"道德"和"感情"这类抽象名词,无法解释性行为,因此一概不提;他认为性欲是与生俱来的,但具有强烈的理性成分,唯有经济学才能作出合理解释。艾滋病令人们在性爱方面较为谨慎,足以说明性行为是富于理性的。

《法律与文学》一书的英文版封面　　《性与理性》一书的英文版封面

　　在 1995 年出版的《衰老与老龄》中,波斯纳将注意力投向老龄化这个在法律学术界一直不大被看重的领域。波斯纳在这部著作中讨论了许多与老人有关的法律问题,从这个意义上说,它是一部法学的著作。但是,它更是一部有一定开拓意义的社会学著作。① 波斯纳在书中扩展了他首先在《正义/司法的经济学》和《超越法律》中提出的"多重自我"的概念,把这个本来属于不同空间的概念延伸到不同的时间领域内,依照这一思路,波斯纳在书中进一步指出,一个人在老年时,身心与年轻时相比发生了变化,以至于可以说与他年轻时已不再是同一个人了。波斯纳根据大量历史上的人物和故事建构了一个人的能力随年龄增减和工作需求变化的关系曲线。他指出,一般说来,年轻人的动态智力较强,固态智力较弱,换言之,他们学习创造的能力较强、知识更新快,但这些知识都未能身体化,经验

_____

　　① 朱苏力:《不知老之将至——＜衰老与老龄＞代译序》,载［美］理查德·波斯纳:《衰老与老龄》,周云译,中国政法大学出版社 2002 年版。

累积少；老人则相反。一般说来，在完全衰老之前，每个人都会随着年龄的增长其某些能力加强，有些能力则会随着年龄的增长而减少。社会对人的能力需求并不是单一的，并且社会的具体职业对人的能力要求也并不相同，有时甚至很不相同。因此，波斯纳认为，老人和年轻人之间的智力差别并不必定构成一种对立，过分地夸大智力或趣味上的代沟是一种过度概括的结果。老人与年轻人之间的智力差别实际上可以构成某种互补，从而为社会的深入细致的分工创造了前提条件。

《衰老与老龄》一书的英文版封面

2003 年出版的《公共知识分子：关于衰退的研究》是一本知识社会学的著作，波斯纳把他的研究对象扩展到公共知识分子这一领域，并且，通过这一著作以及此前的有关性、老龄、艾滋病等社会学专著，波斯纳进一步确定了自己作为一个公共知识分子的身份。① 在书中，波斯纳力求从时间和空间上总体上把握当代社会公共知识分子这种现象。波斯纳的基本假说和思路实际来自于社会学家韦伯的专业化的概念，认为社会分工带来的比较优势会创造更多的社会财富和思想。但波斯纳通过考察发现，在当代知识界似乎不是如此，似乎出现了越来越多的"公共知识分子"，即在自己专业范围之外就公众关心的政治、社会和意识形态等热点问题在各种公共媒体和讲坛上发表评论的人；他们常常非常真诚而自信地说出一些话语，作出种种一再落空的预言。尽管偶尔也会遇到尴尬，但情况并无改观，反倒是愈演愈烈。对于导致这种情况出现的原因，波斯纳拒绝从公共知识分子的个人品德和智力方面分析，而是坚持了制度经济学家和法律经济学家的立场，从制度角度入手分析。首先是社会发展，表现为公共媒体的增加，社会中有许多人平常关注不多、研究不够、难于应对但现在又急于了解的突发事件，因此造成公共知识分子参与讨论这种热点问题的急剧增加。在一个急剧扩张的市场上，假冒伪劣产品很容易找到藏身之处，包括公共知识分子提供的这种"符号产品"；其次，由于信息费用的问题，这些知识分子出售的产品是一种"信用品"，而不是"检验品"，而根据经济学原理，当无法预先监督产品时，人们往往会通过监督产品投入的原料来替代监督产品本身。现代学科制度也创造了提供这类符号产品的公共知识分子。波斯纳指出，历史上的公共知识分子（从苏格拉底开始）则不同。第一，那时的知识分子也参与公共问题讨论，或讨论了公共问题，但是那时的知识分子没有现代的专业化，社会生活也不像今天这样复杂，他们往往都是一些多面手，而不是专家。其次，以往的公共知识分子绝大多数（著名的思想家中，可能只有康德除外）大不是书斋里的学者，往往更多是革命家、实践家、改

① 朱苏力：《〈公共知识分子：关于衰退的研究〉序》，载［美］理查德·波斯纳：《公共知识分子：关于衰退的研究》，徐昕译，中国政法大学出版社2002年版。

革家,都从事过其他职业,学术仅仅是他们生活的一部分,甚至是附带的一部分。这种身份和经验迫使他们更关心实践,他们不满足于提议,更要关心提议的可行性和可能的后果。因此,不同的学术环境和学术制度塑造了不同的公共知识分子。

《公共知识分子:关于衰退的研究》一书的英文版封面

第三章　波斯纳与同时期
学者之间的分野

　　虽然在 20 世纪中期那个风起云涌的年代里,在法律经济分析学派的带动下,传统法学受到了各种其他学科的猛烈冲撞和渗透,无异是向法律的"自给自足性"的挑战[①];但是,从波斯纳在 1973 年出版《法律的经济分析》以后多年之间所受的不绝于耳的批评[②]来看,保持传统心态的法学家也是绵延不绝,虽然其中许多批评不过是出于守旧心态下非理性的偏执以及误解而已。[③] 然而,也有许多批评者确实是指出了重要的问题,这些质疑是波斯纳必须认真面对且回答的,而波斯纳随后也的确作了若干尝试来为自己的理论作辩白。[④]

　　综观过去的法理学界对波斯纳学说的伦理基础的种种反应,其中言之有理或至少足以发人深思的精辟针砭,可以归纳

---

　　①　Richard A. Posner, The Problems of Jurisprudence, Cambridge 1990, p. 429.

　　②　自法律经济学建立以来,就一直面临着来自传统的政治、法律、伦理哲学的抨击,认为法律经济学以效率替代正义(公正),是一种粗鄙的功利主义,是不道德也是不现实的。

　　③　林立:《波斯纳与法律经济分析》,上海三联书店 2005 年版,导论。

　　④　比如,在《法律经济学》第四章中,针对挑战和质疑,波斯纳努力试图阐明两点:第一,经济学并不等于功利主义,至少不是边沁牌号的"最大多数人的最大幸福"那种功利主义;相反,在某些方面,经济学与功利主义是对立的(例如经济学强调的个体本位,因此是自由主义的;而边沁的功利主义是集体本位)。其次,经济学的财富最大化原则是符合正义的,与 20 世纪 70 年代罗尔斯提出的以契约论为基础的正义理论不仅不矛盾,而且相通,因此完全可以作为社会乃至法律的伦理和政治基础。波斯纳甚至花费了许多精力探讨了罗尔斯的正义论对经济学家研究成果的借鉴,论证了两者的相同之处。

为以下四项[1]：

第一，法律欲实现正义或正确的伦理价值，而正义或正确的伦理价值并不能被等同于"效率"或波斯纳所说的"财富最大化"，故法律与经济学所追求的是不同的价值，经济效率不是法律的最终目的。尽管法律中也有着对效率的追求，但那也通常限于设计市场交易的法律领域；而对于非市场交易的领域，经济分析是派不上用场的。而且就算在涉及市场交易的法律领域中有对效率的追求，也仍然以不与正义发生冲突为原则。总而言之，在一切法领域，经济效率皆表示法律的最终目的。

第二，幸福是人们所追求的终极目标，也是法律之所以存在的终极目标；然而，更多的财富未必一定让个人或社会众人感受到更多的幸福，所以法律以促进财富最大化为目标是错误的。

第三，就"法律的安定性"及"权利的保障"这两大法律所追求的传统价值而言，法律经济分析将造成毁灭性的结果。因为法律经济分析的兴趣只在于追求降低未来的社会成本（即防止未来发生使社会付出高昂代价的事故或不合效率的交易，以免减损社会财富，或者说白白浪费社会资源），故德沃金教授称其为"向前看的工具主义之图谋"（forward‑looking instrumental program）或是"实用主义"。[2] 既然是只关注增加未来社会财富的目的，则这种学说在司法中必然导致完全忽略既有的法律已经赋予人们哪些既定的权利。因为法官必须在每一个个案中审视如何判决才能增加社会财富，而不是单单注意每一个诉讼者在走进诉讼之前，就已被法律赋予什么其应得和应受保障的权利，依法律经济分析学派之见，如果让某一诉讼者获得其法律上给予的权力但却会减损社会财富，那就应该否认其权利；或者说，法律经济分析甚至否认既有法律中已经赋予人所固有

---

① 林立：《波斯纳与法律经济分析》，上海三联书店 2005 年版，导论。

② Ronald Dworkin, Law's Empire, Cambridge 1986, p. 225.

的权利。于是德沃金批评道:"工具主义否认人和已成型的政治实践史已经提供人民真正的权利义务基础,凭此可用来与法庭抗衡。工具主义的结论就是司法过去的实践(全体判例)仍没有创造出人和司法的权利。工具主义相信法官没有受制于判例去违背替未来社会发展找出最好之判决的义务。"①虽然德沃金批评法律经济分析法学派是"向前看的工具主义之图谋"(forward - looking instrumental program)②,但波斯纳不但不否认,而且还认为这本来就是一件天经地义且很光荣的事。波斯纳说:"对经济学家来说,事故是既已发生的故事了,其所招致的成本已是沉淀成本(sunk costs)。经济学家的兴趣是在于如何避免未来不符成本效益的事故再度发生,也正因此,经济学家的兴趣是减少事故的数目及降低预防事故所需的成本。"③此外,当德沃金谴责波斯纳是"向前看的工具主义"时,事实上对于波斯纳而言,这些都是正面的名词。可见两人的基本立足点就是南辕北辙。一言以蔽之,波斯纳对法律的理解根本就和德沃金正好相反[德沃金坚持既有的法律之中早已经为每一个案件中的诉讼者准备好了既有的权利或义务,虽然这个法定的权利或义务的发现倒也不是只靠翻阅法条就可以直接完成,但是德沃金法官借着一套"建构性的解释"(constructive interpretation)方法一定可以发现那预先存在的"唯一正解"]。套用一句托马斯·S.库恩的话,波斯纳与德沃金两个人彼此是"不可共量的"(incommensurable)、无法进行对话沟通的,因为一开始彼此对"法律是什么"的根本理解就不同。④

---

① Ronald Dworkin, "Natural" Law Revisited, 34 Florida Law Review 1982, pp. 165~188.

② Ronald Dworkin, Law's Empire, Cambridge 1986, p. 225.

③ Richard · A. Posner, Economic Analysis of Law, 5 Edition, New York 1998, p. 28.

④ Thomas S. Kuhn, The Structure of Scientific Revolution, Chicago 1970, p. 157.

第四,社会财富最大化并不能自动解决社会贫富不均的问题,效率与平等不仅没有必然地互为正比关系,而且经常还是处于矛盾对立中。一味强调效率,是忽略了个人不可被牺牲的生存发展权,而此一基本人权并不能以追求群体的利益为理由而被凌驾、被视若无睹,否则就是患了类似功利主义忽略个人权利的致命弊病。

另一方面,在法律经济学内部,主流法律经济学(其主要代表就是波斯纳作为领军人物的芝加哥学派)的地位也在面临越来越多的挑战。它所业已取得的成功仅仅表明其理论具有应用性转化的潜力和对现实问题的敏锐解释力,事实上,芝加哥学派主要以新古典主义"看不见的手"范式作为理论基础,着重论述普通法的效率,这和哈耶克的"秩序规则二元观"的绝对论"二分法"思维相似,将政府和市场之间的关系理解为绝对对立的相互替代的二元范畴,从而带有一种毫不掩饰的对私法和私有产权交易制度的崇拜与意识形态偏见。最近二十多年来,一些学者如罗宾·保罗·麦乐怡、艾克尔曼、施密特等人已对法律的经济学所蕴涵的新古典主义价值观和方法论倾向作出了较多的批评。主流法律经济学也正受到越来越多的挑战,新制度经济学派、改革主义学派(耶鲁学派)、公共选择学派、批判法运动、女权主义者等都正在致力于建构和提出与主流学术秩序相竞争的理论体系或理论视角。在方法论方面,法律经济学的研究方法不断地更新,演进博弈论、行为经济学、法律人类学、法律社会学、公共选择、实验经济学等新分析方法越来越多地被运用于法律的经济分析领域。另外,越来越多的法律领域被经济学的理性选择分析工具所涉足,如诉讼程序、比较法、国际法、法律冲突、法律和经济发展、原始法等。法律经济学的这些最新发展表明,主流法律经济学的新古典主义市场本位模式的单一视角分析已经显示出其理论局限性。

一、与德沃金之辩

(一)关于法律思维路径之争

以波斯纳的"判道离经",几乎每一个论断抛出来后都会遇到暴风骤雨式的评价,或贬或褒,波氏对此已习以为常甚至有时引以为乐,往往不作过多的回应。然而,对于当代主流法理学的领头人德沃金,则自然得"特殊对待"。德沃金与波斯纳二人曾就法理学方面的若干问题你来我往展开过无数次论战(前一段已略有论及),唇枪舌剑,战火纷飞。其中,1997 年的一次最为精彩也最集中地体现了两人思想的碰撞,并且这次争论在现在看来不但丝毫没有过时,而现实似乎仍然在朝着二人各自所预言的方向发展。

美国法学家德沃金(Ronald Dworkin)

1997 年,应美国"法学名流讲堂"(Order of the Coif Lecture)的邀请,德沃金作了题为《赞美理论》(In Praise of Theory)的讲座,其讲座记录刊载于 1997 年夏季号《亚里桑那州法律杂志》(29 Ariz. St. L. J. 353)。由于德沃金在这次讲座中对芝加哥学派的两名重量级人物波斯纳和桑斯坦的观点进行了猛烈的攻击,因此法学名流讲堂也邀请波斯纳作了一次题为《回应:法律"理论"的概念:对罗纳德·德沃金的回应》(Response: Conceptions of Legal "Theory":A Response to Ronald Dworkin)的讲座,此次讲座的内容亦刊载于《亚里桑那州法律杂志》(29 Ariz. St. L. J. 377)。

1. 德沃金对波斯纳和桑斯坦的批判

按德沃金的说法,是波斯纳先惹了德沃金。众所周知,德沃金十分看重"原则"、"理论"、法律的整体性(integrity),以及"政治伦理"(political morality)。他在讲座中反复强调"法律思维的理论根基观"(theory - embedded view of legal reasoning)的重要性,有时他也简称其为"根基观"(embedded view)。

为此,德沃金首先用了几个例子来说明其"法律思维的理论根基观"或者说"原则判决"、"理论判决"的重要性。他指出,"一项法律诉求——无论避孕药的受害人是否胜诉或者焚烧国旗的行为是否遭到宪法的禁止——其实等于说一个原则或者另一个原则提供了某些法律实践的更好的正当性依据而已。从什么角度说更好呢? 怎样解释才更符合实践,并且更有说服力? 从这个意义上说,任何法律观点都不容易经受或许可以称之为'正义的陡坡'(justificatory ascent)的检验"。

紧接着,德沃金还通过希腊神话中的"海格力斯神"(Hercules)来说明理论思维与常人思维的不同。德沃金认为,天才式的也就是海格力斯式的裁判思维是这样的:他在听审第一个案子之前,已经能够建立一个巨大的"至高无上"(over - arching)的放之四海而皆准的理论,并且,他能将任何事物笼罩于这一宏大的理论建筑之中。鉴于此,天才式的、理想化的法律思维是自上而下的,也即从理论到具体的路径,或者用德沃金的话说是由外及里的(outside - in)。反之,常人的思维则是"由里及外"(inside - out)的,或者用中国话来说是"由表及里"的。德沃金这样说道:"我们(指常人)进行由内及外的推理:我们从职业、责任或机会中(偶然)接触到的具体问题开始,因此我们诘问的范围相当有限，不仅因为我们所拥有的时间有限，而且因为我们偶然面对或想象的观点也有限。从里及外思维的法官几乎没有时间或者认为没有必要进行长时间的、费力的研究或辩论。"

总之，德沃金的论调是，法官在进行法律思维的时候，必须像海格力斯大力神那样，事先在心中装着各种理论与各种价值，通过理论和价值衡量来裁决具体纠纷。

波斯纳在其 1995 年出版的著作《超越法律》中，对德沃金的理论进行了攻击。波斯纳认为，德沃金式的"理论"属于"宏大主题"（master themes）或者用中国式语言来说属于"泛理论"，是"过度抽象的理论"，根本不能用于指导法官的审判实践。同时，波斯纳还指责德沃金纯粹是在玩"文字游戏"。

针对波斯纳的批评，德沃金回敬道，"（攻击）首先来自理查德·波斯纳法官。你们知道，那个懒惰的法官（指波斯纳）在早餐前写一本书，在正午之前判几个案子，然后整个下午就在芝加哥法学院教书，晚餐之后就去作大脑治疗去了。其次来自于几乎是同样多产（贬义意义上的）的同事卡斯·桑斯坦，他同样执教于芝加哥法学院。这些学者一道组成了反理论的并非胡言乱语的法理的芝加哥学派。两人都批判法律思维的根基概念并热衷于实践性的（理论），并且两人都形容我的观点为错误的范式而试图予以纠正"。德沃金进一步指出，波斯纳还"勾搭"（flirt）后现代主义者、前结构主义者、解构主义者、挑剔的法律学生、偏激的有色（人种的）学者以及大队人马组成了反理论阵营。这在实用主义大行其道的美国而言，毫无疑问是理论的悲哀。

于是，德沃金向波斯纳和桑斯坦发动了反击，这也是为何德沃金专门找芝加哥学派"清算"的根本原因。德沃金在讲座中批评波斯纳和桑斯坦犯了三大错误。他这样说道："这就是之所以拿芝加哥学派，尤其是波斯纳法官和桑斯坦教授作为例子的原因。他们以及其他类似的反对运用道德理论或抽象理论的观点，大致可以归纳为三个标题：形而上学（Metaphysics）、实用主义和职业主义(Professionalism)。"

第一,形而上学。德沃金认为,政治伦理属于客观真理,例如存在着对种族屠杀、种族歧视和言论自由的普适性的伦理观念。反之,波斯纳则认为,并不存在所谓普适性的客观真理,也即不存在普适性的政治伦理。为此,德沃金是这样反驳的:"种族屠杀是邪恶的"或者"种族隔离是非正义的"。他(相对主义或实用主义者)答道:"是的,没错,我同意你的说法。但是请不要错误地认为这些假设是客观真实的或者其真实性基于现实。你仅仅表达了你个人的见解。"德沃金通过上述例子说明,波斯纳一方面承认道德判断的存在,但另一方面又认为这仅仅属于个人见解的说法是出尔反尔的。政治伦理正如"山的客观存在"一样是客观存在的。换言之,德沃金认为波斯纳"形而上学"。

第二,实用主义。德沃金认为,波斯纳说他对法官裁判的评价理论并不依赖于哲学命题,而是自主竖立的(free-standing)。为此,德沃金引用了波斯纳的一段话:"我用来标签实用主义外观的形容词——实践的、工具的、前瞻的、激进主义者的、经验的、怀疑的、反教条的、试验的——并非是人们想到罗纳德·德沃金的著作时跃入脑海的词汇。"

波斯纳强调法律思维的前瞻性。对此,德沃金反驳说,前瞻式的法律思维本来就有两种含义。含义之一是法律思维是结果导向的,而不是道义伦理式的(deontological)。含义之二是指福利主义者(welfarist),而不是结果导向的。倘若波斯纳注意到二者之间的区分的话,就应当意识到他自己误解了德沃金所主张的法律思维的理论根基观。因为在德沃金看来,主张法律思维的理论根基并不必然就是反功利主义的。而波斯纳的"前瞻式"法律思维有失去方向的嫌疑。德沃金举例讽刺说,假设在冬季一个寒冷的夜晚某人的车子发动机坏了,他处于无助的境地。按照波斯纳式的法律思维,解决的办法就是"不要研究内燃机的物理结构,而是试试其他各种办法看看其中一个是否灵验"。在此处,显然,德沃金试图通过该例子来说明法律思维的理论根基的重要性。

第三,职业主义。所谓职业主义,是指一种倾向,按照这种倾向,法官或律师在思考问题时总是进行职业化的(或者说专业化的思维),这种思维拒绝理论,尤其是哲学理论。为此,德沃金以常人的口气形容道:"我们只是律师。我们不是哲学家。法律有其自身的原则和自身的特殊伎俩。当我们上法学院时,你被教导什么是像律师一样地思维,而不是像哲学家那样。律师们并不致力于解决道德或政治理论的重大理论问题。他们以更加有限定的、有情景的方式逐一解决'零售'中的具体问题。他们的辩论工具不是哲学著作中的大理论,而是紧密的文本分析和类比的更加简朴和可靠的方法。"对此,德沃金指出,伟大的法哲学家诸如边沁、奥斯丁(Austin),尤其是哈特(H. L. A. Hart)已经将传统法律带上了世故和优雅的新水平。然而,芝加哥学派却无视这些。例如,曾任芝加哥法学院院长和美国检察总长的爱德华·列维(Edward Levi)曾指出,像律师一样思维不是指将理论的大结构适用于具体的法律问题,而是将某一类具体的法律裁决与另一类进行类比(analogy)。而在数十年之后,同样是芝加哥法学院的桑斯坦教授又拾人牙慧,并将该观点修正。桑斯坦观点的核心就是法律的"未完全理论化的"路径("incompletely theorized" approach to law)并且桑斯坦尤其强调了此路径与德沃金的"理论根基路径"的区别。为此,桑斯坦引用了罗尔斯的"重叠同意"模式(model of overlapping consensus),即任何同意的一方其实都有自己的道德见解,所谓同意不过是不同见解的重叠而已。但是桑斯坦却认为,律师与法官应克制自己在更加抽象的政治与道德理论中冒险。

反之,德沃金则反驳说,其实桑斯坦这个人是自相矛盾的。因为桑斯坦自己也承认,"有些案件如果不引入理论是根本无法裁决的。再者,有些案件如果没有理论的引入是不能裁决好的。如果有好的理论并且法官被说服它是好的理论,那么其司法采纳就不应当是禁止性的话题。未完全理论化的协议(指未完全理论化的个人判断)是推定性的而非确定性的"。

德沃金最后总结道:"我同意并非所有法官都经过了哲学训练的批评。但倘若我的观点正确,那么时常不得不要求他们所面对的问题其实是哲学的。另一种路径并非是在避免道德理论,而是将其运用暗化并隐藏于一切类似于律师式的类推思维的神秘手段之中。"

2. 波斯纳对德沃金反驳的回应

针对德沃金的反驳,波斯纳针尖对麦芒,对德沃金的观点进行了攻击。

首先,波斯纳指出,所谓"正义的陡坡"(justificatory ascent)理论表明,德沃金要求法官在思维时必定首先是从具体案件出发向上思维,然后再从上位的原则——诸如平等主义、功利主义或者密尔的自由概念——出发向下思维,这样来保持法律的和谐。但是德沃金坚持认为通过正义的陡坡之后法官就能提升到一个"概括性"(一般性)的高水平。波斯纳首先还引用德沃金的一些类似观点,例如"法律思维以大量的正义领域为前提,包括非常抽象的政治伦理原则"。又如,如果法官受命解释宪法,那么他就必须"在政治伦理中远行"或者"深入理论"。

在此基础上,波斯纳认为,德沃金的所谓"理论"其实泛化了;与自然科学的理论不同,德沃金的所谓"理论"其实是空洞的,既没有确定的内涵,也没有确定的外延,这一切皆因为德沃金在追求所谓的"和谐"和"一般"。因此德沃金的"理论"是他自己所谓的具有非常独特意义的理论。德沃金的这种"理论"概念,从其历史渊源来看,德沃金的理论与赫伯特·威克斯勒(Herbert Websler,美国宪法学家)的"中立原则"有关,而后者可以追溯到"法律过程"学派(legal process school)以及自然法学派,而德沃金显然与这两个学派有着之间的关联。此外,在哲学方面,德沃金则受到康德哲学(经罗尔斯改进)的影响,而与亚里士多德格格不入。德沃金"理论"概念的核心,正如威克斯勒、哈特和萨克斯等人所坚持的那样,其实就是将宏大主题(master themes)——例如民主合法性、联邦主义、相对的制度适格或平等强加于法律的特殊性。波斯纳进一步指出,"正义的陡坡"与归纳式推理(induction)不可混淆。法官到达正义的顶点之后,他就将(理论的)梯子踢开了。由于被强迫爬上(正义的)梯子,法官承认,如果不采纳大原则他就无法判案,但是一旦采纳,他就已经判案了。

在理清了德沃金理论的来龙去脉之后,波斯纳接着对德沃金对他的批判进行了反驳。

首先,波斯纳指出,"25年的关于反堕胎法的政治伦理的全无定论的争论表明,锁定于道德争论的观点本身就深富局限性。这并非表明不存在道德真理,因为自然科学上早就存在科学争论,然而科学真理毫无疑问是存在的"。由此可见,波斯纳反驳了德沃金指责他不相信真理的客观存在的言论。同时,他还指出道德判断无助于类似于堕胎这一类法律问题的解决。其次,波斯纳指出,德沃金的"原则"和"理论"与法官们信奉的原则和理论是有着显著区别的。尤其在判例法国家,法官们的理论就是先例,就是类似案件的经验,而不是德沃金的那些宏大主题。第三,波斯纳指出,大多数的道德真理与科学真理不同,都是所谓"地方性的真理"(local truths)或者说"地方性知识",并且打上了文化的烙印。为此,他举了很多例子来说明。例如,同样的杀人行为在一种情况下可能是道义的,而在另一种情况下则是非道义的。又如,同样是堕胎,一个妇女纯粹因为不想要女孩和她因为贫穷无法抚养小孩的正义性也是有所不同的。再如,在一个面临严重饥荒的社会里杀死幼儿与在一个有足够食物的社会进行的同样行为,其正义性也是不一样的。波斯纳甚至说,如果你不懂中文,最好就别对中国说三道四。由此来支持他的伦理的地方性真理的观点。至于德沃金批评的"职业主义",由于不是针对波斯纳的,所以波斯纳对此没有回应。在最后,波斯纳承认,德沃金的法律思维观其实是从事法律工作的一种方式而已，即不排除波斯纳自己的那种思维方式的存在。但德沃金的思维方式显然不是最佳途径。它对于判例法国家而言显然是太抽象了。它或许在"抽象性审查"的制度中效果更好，例如中欧的宪法法院或者美国的部分的州最高法院。此外，在某一法律领域还没有诞生先例之前，德沃金的理论或许是恰当的。但是一旦有了先例之后，德沃金就派不上用场了。波斯纳甚至讥讽德沃金在演讲中所举的那个妇女服用避孕药受到伤害是否应由制药厂承担连带责任的例子是天真的，因为在美国侵权法上，不能证明损害事实与加害行为的因果关系是无法胜诉的，这样的争论也是无济于事的。

　　从以上的论战不难看出，尽管德沃金与波斯纳的争论有相当一部分属于情绪化的争论，但无疑二人对于法律思维的路径之争有着十分重要的现实意义。

　　2007 年 3 月 20 日，在哈佛大学模拟法庭，法学院院长 Elena Kagan 主持了一场由 Ronald Dworkin，Leon Kass，Richard Posner 和 Michael Sandel 四人（从左至右）参与的关于"生物工程学的法律和伦理界限"的讨论。

(二)关于法律解释理论之争

波斯纳和德沃金二位的法律解释理论,也颇有针锋相对之处(前文已提及),两人思想的分野从中亦可见一斑。

德沃金对法律解释的"重构"认识,别有一番新论。在德沃金的法律解释理论中,法律是一种"阐释性概念",即法官审理案件的过程就是对法律进行阐释的过程。而什么是法律? 或者法律是什么? 他认为,法律并非仅仅是指规则系统,法律还包含原则与政策①,这二者都是法院或法官据以进行法律解释的根据。在德沃金的论述中,表面上看来法官是超越了法律规则,似乎法官通过解释在"创造法律",然而,他的法律观是"整体性的法",也就是说法律除了规则之外,还有隐藏在规则背后的原则和政策,所以,法官的判决和解释仍然是对"整体性的法"的适用,而不是什么"造法"。由于有"整体性的法"存在,在他那里,即使面对再疑难的案件,也有"唯一正确"的答案,而不存在"法律漏洞"问题,即使语言表达有缺陷,社会发生重大变化,或法本身存在不协调,整体性法律的"自给自足"仍可实现对纠纷的"无漏洞保护",只要我们注意到了"法的整体性"因素,法律解释就能达至客观。在著名的"里格斯诉帕尔玛遗产继承案"②中,充分体现了法律整体性原则的重要性,这种重要性如伊尔法官所评说的,不应在孤立的历史背景中解释文本中的制定法,而应根据法律的一般原则的宏大背景,在解释法律文本时,法官应使制定法的解释尽可能地符合法律设定的一般原则,设想立法者在制定遗嘱时如允许谋杀者可以继承遗

---

① [美]德沃金:《认真对待权利》,信春鹰等译,中国大百科全书出版社 1998年版,第 40 页。

② 案件的大体情况是:帕尔玛知道祖父已立下遗嘱将其定为遗嘱继承人,且知他将获得大笔遗产。但是,由于担心新近重新结婚的祖父可能改变遗嘱,帕尔玛便将其毒死。不久东窗事发,帕尔玛被判有期徒刑。于是,死者的两个女儿便提起诉讼,要求遗嘱执行人将遗产交给她们而非帕尔玛。她们认为,帕尔玛因遗产而谋杀被继承人,法律当然不能允许其继承遗产。

产,这是十分荒谬的。法律必须尊重一个基本原则,那就是不能因过错而获得利益。如果法官生硬地适用法律的规则而判决谋杀祖父的帕尔玛获得了继承权,就违背了法律本身所包含的公平、正义原则。从这个意义上讲,法官对法律的解释,深刻地体现了法官对法律的认知和在政治道德方面的态度。德沃金对此总结道,"任何法官的意见本身就是一篇法律哲学,即使这种哲学隐而不露,即使显而易见的推论充满了条文引证和事实罗列。法理学是审判的一般部分,是任何法律判决的无声序言"①,"法律的帝国是由态度界定的,而不是由领土、权力和程序界定的"。②

所以,德沃金在"重构"法律时,总是非常强调、特别注重隐藏在条文背后的标准。③ 在他看来,司法实践中,法律的规定总是比较概括、抽象,它不可能对案件中任何细微的情节予以规定。这就需要法官在解释法律规定的过程中善于发现隐含在规则背后的内容,即所谓的"隐含法律"。这些"隐含法律"可能是一些抽象的原则,也可能是一些不言而喻的事实,还可能是一些经过合理推理的结论。只有发现了这些"隐含法律",法官才能够清晰地分辨哪些案件是类似案件,哪些案件是非类似案件,从而达到相同情况相同对待的基本要求。如他所言,法官追求法律的整体性就像多名作者创作一部系列小说一样,每一位作者都力图做到使作品一贯以如出自一位作者之笔。而为了达至此目的,他必须对小说的有关情节、特征、风格等作出解释,如此才能使小说继续下去。每位小说作者的解释可能是多种多样的,但要受两个因素的影响:第一是适合,即他的工作应与以前进行的工作相一致;第二是判断,即如果不止一个解释均与以前工作一致时,他就必须判断哪种解释能使工作进展

① Ronald Dworkin, Empire of Law, Harward University Press 1986, p.90.

② Ronald Dworkin, Empire of Law, Harward University Press 1986, p.413.

③ [美]德沃金:《认真对待权利》,信春鹰等译,中国大百科全书出版社1998年版,第196页。

得最好。有这两方面的限制,才使系列小说的作者创作出的作品如一人所著。而法官在理解和适用法律时,也应采用系列小说的思维方法去思考,他应该把以前的决定看做是他必须解释和延续的一部长篇小说的一部分,从完整性的角度,以自身的理论知识和价值观念为基础,作出尽可能正确与合理的判断。

可见,法律解释在德沃金的眼中其实是一种对于法的客观性重构,法律并不是单由一堆规则构成的,它是"封闭完美的体系",解释就是对此体系中某问题的"重构"而已。德沃金的法律解释理论,充满了一种理想主义色彩,而这种理想的实现是以法律的确定性、规定性和高素质的法官为基础和保证的,法官们对法律的解释并不随心所欲、率性而为,相反,他们是在"整体性"法律既定的框架下和范围内,对法律进行"建设性的诠释"。换句话说,他的目的就是根据既有的法律素材和框架,使解释"变成最好"。

针对德沃金的"重构论",波斯纳极力否认和进行颠覆。之所以否定是因为法律具有不确定性。在西方,启蒙运动中传播的建构理性主义使人们相信,理性可以建构包罗万象的法典,拿破仑法典就是这样的产物。进入 19 世纪后,工业化运动的结果使社会关系发生了巨大变化,法律的缺陷与落伍日益明显,"法典万能"的神话开始破灭。在司法实践中,法律具有的不确定性也很容易让人体会到,比如,在面对一个具体案件时,我们往往会对法官或法院最终的判决无法作出准确的预期,甚至还会作出错误的预测,这里面甚至包括我们的法学家。这种错误的预测实质上也就是法律的不确定性在作怪。因而,"解构"法律客观性的思想非常容易让人接受。波斯纳说得很直接,"法律的规则经常是含糊的,无底的,理由是临时的,有很多争论的,此外,不仅可以变更而且实际上也经常变更"[①],博登海

① [美]德沃金:《认真对待权利》,信春鹰等译,中国大百科全书出版社 1998 年版,第 572 页。

默也有所感触，"在法律的各个领域中，我们都发现了棘手的、难以确定的两可情况，其中心含义的模糊不清之处也会产生解释上的困难"①。这样法律解释的客观性消失了，尤其是到了批判法学的手中②，这种客观性更是被瓦解和颠覆掉了。而波斯纳，就是对于法律解释的客观性进行解构的代表人物。

于是，在波斯纳的法律解释理论中，德沃金自然是一个"理想主义者"，德沃金的"法律整体论"成了一种"道德实在论"，即"主张对所有的或大多数的道德问题都有正确答案"。③ 他认为，寻求法律解释客观性的努力是白费的。因为"法律是对法官面临一个具体案件时将会作出什么样的判定"，解释者是不可能与立法者在同一立场上理解法律的。而解释中有许许多多的因素控制着解释者④，他将影响的因素视作为法律解释的"变量"，他以文化为例说明了这个问题："演讲者与听众所在的社区联系越紧密，解释工作就越容易，同样，交流的社区越同质，克服交流中不可避免的杂音的成本也就越低。"⑤文化、时间、地域等等在波斯纳的心目中成为了法律解释的变量，而这些变量就决定了法律解释难以保证客观，而即使这些变量趋同于一致，实质上也是难以保证客观的，例如"当一个人阅读他多

---

① ［美］博登海默：《法理学—法哲学及其方法》，邓正来译，华夏出版社1987年版，第466页。

② 批判法学指出法律表面的逻辑性、确定性与运行中的不一致、不确定的矛盾，他们认为美国的法律制度表面上具有的逻辑性和确定性，其实是前后矛盾而且极不稳定的，法官们往往对法律和判例作出不同的理解和解释。参见张文显：《二十世纪西方法哲学思潮研究》，法律出版社1996年版，第347页。

③ ［美］德沃金：《认真对待权利》，信春鹰等译，中国大百科全书出版社1998年版，第255页。

④ 波斯纳此中的因素已与萨维尼的理论有重大不同，关于萨维尼的理论对法解释因素的经典分析，他将其分为范围性因素（包括文义因素与历史因素）与内容性因素（包含体系因素与目的因素）。详请参见黄茂荣：《法学方法与现代民法》，中国政法大学出版社2001年版，第272～285页。

⑤ ［美］德沃金：《认真对待权利》，信春鹰等译，中国大百科全书出版社1998年版，第132页。

年以前写的什么东西时,有时他也许会有另外一个人的感觉,这时他的想象重构也许会失败"。① 特别是解释者关于共同生活的背景,共同文化传统,价值观念,信仰等诸多不同,通过法律解释来重构法律——即寻求法律的客观内容简直就是不太可能的事情。

按波斯纳的解释理路,法官在处理案件时,实质是没有必要关注我们的解释是否真实地反映了立法者或宪法的创制者的意图,而是要更多地考虑解释的社会效果,在众多的的解决方案中,通过解释要达到什么样的目的、哪一个结果是最佳的。用卡多佐的话说,"最重要的不是源头,而是目标。除非我们知道道路通向何方,否则我们对道路的选择就没有任何智慧可言。……对法官来说,最后的挑选原则……是适合某个目的"。② 换句话说,法官不是法律的发现者,而是法律的创造者。仍以里格斯诉帕尔玛遗产继承案为例来加以说明,"谋杀者"是否应该继承财产? 遗嘱法规中没有就遗嘱中的受益人谋杀了立遗嘱人的情况作出例外规定,为什么法官仍可以不按规则办呢? 从实用主义的观点看,这实质是有利于减弱立法者在起草法律文件时应小心谨慎的压力,不想让已经超负荷运行的立法机构承担更多的工作,另外,从后果上讲,如果允许谋杀者继承遗产无异于鼓励谋杀,剥夺谋杀者的继承权恰恰是实现而不是违背了立遗嘱人的意愿,而这是遗嘱法规的最终目的,立遗嘱人如果预见到谋杀,是不可能将谋杀者指定为遗嘱的受益人;所以这不是法律的原则和政策问题,而是法律的适用性决定的。

于是,波斯纳的想法是"超越解释"。他指出,解释本身就是一个含义广泛甚至不确定的词,我们可以把它当成是对交流

---

① [美]德沃金:《认真对待权利》,信春鹰等译,中国大百科全书出版社1998年版,第132页。

② [美]本杰明·卡多佐:《司法过程的性质》,苏力译,商务出版社2000年版,第34页。

的译解,也可以是理解、翻译、扩展、补充、变形,甚至转换等等,他说"解释是一个含糊的,全盘的,甚至没有界限的概念",应该完全抛弃"解释"这个词,没有这个概念也许我们会更好一些。① 为什么他要超越解释呢?"总的来说,解释的问题并不是人们不懂得如何细心阅读并保持恰当的文化距离,问题在于没有任何得出对疑难文本的客观解释的技术,阐释学提出了这个问题,它却没有提出一个解决办法"。② 显然,波氏不但解构了法律诠释的客观性,而且站在实用主义的立场上,也解构了法律诠释本身的有用性。波斯纳的工具主义的法律观,是以一种不确定性的法律观来代替和瓦解了"整体的法","整体性的法"在他眼中成了一种"浪漫主义","法律仅仅意味着对话者们在特定的语境下通过交流所获得的共识"。③ 我们之所以进行法律解释,只不过是进行"法律推论部分的可接受性"罢了。波斯纳的独到之处在于,他把从分析决定性(客观性)的角度追求"整体的法"转变到关注获得结论的过程和理由的"合乎情理",这种"合乎交谈的合理性"超越了主客观之分。

德沃金的"整体的法"的提出,使法律解释成为了一种重构,即法官要深挖隐含于规则之后的原则、政策等,力图做到相同情况相同对待。这种方法要求"法官在理解与应用法律时,要保持法律的整体性,应采用系列小说的续写的方法去思考,他应该把以前的决定看做是他必须解释和延续的一部长篇小说的一部分,以自身的理论知识和价值观念为基础,作出尽可能正确与合理的判断"。④

---

① [美]理查德·波斯纳:《法理学问题》,苏力译,中国政法大学出版社 2002 年版,第 345 页。

② [美]理查德·波斯纳:《法理学问题》,苏力译,中国政法大学出版社 2002 年版,第 376 页。

③ 刘星:《法律是什么》,中国政法大学出版社 1998 年版,第 291 页。

④ 朱景文:《认真对待意识形态:批判法学对德沃金〈法律帝国〉的批判》,载《外国法评译》1993 年第 4 期。

　　波斯纳法律解释的"超越论"排除了德沃金的"理想主义"。可见,波斯纳是以一种实用的方式寻求法律解释的有效,即以成本和效益去探讨法律解释,他认为法官具有双重作用"解释立法中体现出来的利益集团的交易,并提供权威性的纠纷解决这种基本的公共服务;不仅依据先前的规范,而且要系统的阐述这些规范。法官都希望采用一些会使社会财富最大化的规则,程序和条件结果"。[①] 他认为:"社会财富最大化的规则",其"最终的标准并非这一推导的精致性或逻辑性,而是该规则对社会财富的影响"。[②]

　　符合经济学意义的"社会财富最大规则"是否有意义? 排除了"理想主义"法律解释会走向何方? 现实些来考虑,伴随着现代化进程中的"权力市场化"、"资本寻租"等一系列问题的展开(比如说在处于转型期的当代中国),如果不注意,"社会财富"有可能伴随"恶"的法律发展,更有可能的是,在法院或法官进行法律解释和裁量之时,完全有可能受"资本寻租"的干扰。所以,经济学的成本—收益并不能分析和解决这个问题。法律解释的正当性是什么,这显然是掩藏于法律背后的东西,故而德沃金才会认为"原则与政策"是正当性的体现,才有"整体性"的理论。他是这样论述的:"法律的正当性来源于法的整体性即尽可能把社会的公共标准和理解看做是以正确的叙述去表达一个正义与公平首尾一致的体系。"[③]

　　然而波斯纳说到的"超越解释",也并非完全地超越法律。他说的是,"这种实用主义的进路并不证明忽视文本是合理的,

　　① ［美］德沃金:《认真对待权利》,信春鹰等译,中国大百科全书出版社1998年版,第444页。

　　② ［美］德沃金:《认真对待权利》,信春鹰等译,中国大百科全书出版社1998年版,第452页。

　　③ ［美］德沃金:《法律帝国》,李常青译,中国大百科全书出版社1996年版,第171页。

更不大可能导致对文本的忽视"①,"解释是一个含混的,总体的甚至没有边界的概念……也许更好的办法是完全摒弃'解释'这个词,代之以实用主义的谈论在制定法和宪法案件中有关司法功能的不同竞争性进路会带来什么不同后果,一种进路是强调法官的自由,另一种进路是强调法官作为治理结构中的下级官员的责任"。② 很清楚,波斯纳所提及的超越并非忽视文本,因为忽视了文本就会使立法机关和法院截然分离开来,而使制定法的功能降至低谷。但是,在实用主义者看来,用解释来讨论任何一个问题都可以,以至于解释的方法也就成了伪方法,就如同一种"包治百病"的药必然就是"毫无用处"的药,同样,一种可以解决任何问题的方法必然就是什么问题都解决不了。所以,波斯纳说:"没有科学,实用主义实在太经常是一通废话。"③他自身的实用主义则是以经济学为基础的,因此,"超越解释"实际上是对"解释"这个词的摒弃,从而以一种科学的观点去重塑实用主义。而其中的实用之处就在于"解释的过程不确定,但无所谓,立法机构总是可以否决它不喜欢的解释,我们甚至可以从法院和立法机构间的这种相互作用中看到一个达尔文式的进化过程,在这个过程中,司法创新与立法偏好相互竞争,只有那些符合立法者意愿的法律解释方可存活下来"④。

二、与经济学和法律经济学其他学派和学者的对话

主流法律经济学对法律问题进行分析、评价和预测,其基本内容是以经济合理性或理性选择的方法来评价法律权利的

---

①　[美]德沃金:《认真对待权利》,信春鹰等译,中国大百科全书出版社1998年版,第375页。

②　[美]德沃金:《认真对待权利》,信春鹰等译,中国大百科全书出版社1998年版,第341～342页。

③　[美]德沃金:《认真对待权利》,信春鹰等译,中国大百科全书出版社1998年版,第377页。

④　[美]德沃金:《认真对待权利》,信春鹰等译,中国大百科全书出版社1998年版,第379页。

不同分配所带来的一致性和效率,其所涉及的经济学理论基础主要是新古典主义微观经济学的基本范畴和有关原理,具体地说,就是现代新古典福利经济学和价格理论,其主要代表就是波斯纳所领军的芝加哥学派。芝加哥学派对法律制度进行经济分析时,秉承了芝加哥大学的自由主义经济思想的传统,以财富最大化、效率最大化、坚定的市场观念为核心理念;在分析方法上多采用新古典主义的边际分析、均衡分析、成本—收益分析等实证的经济分析方法。

芝加哥学派的法律经济分析这一学术思潮已经造就了繁荣昌盛的学术工业,取得了初步成功。但这种成功仅仅表明其理论具有应用性转化的潜力和对现实问题的敏锐解释力,并不表明其理论体系完美无缺、其理论逻辑无懈可击。近二十多年来,主流法律经济学的地位也正受到越来越多的挑战,新制度经济学派、改革主义学派(耶鲁学派)、公共选择学派、批判法运动、行为法律经济学、女权主义者等都正在致力于建构和提出与主流学术秩序相竞争的理论体系或理论视角;一些学者,比如麦乐怡、艾克尔曼、施密德等人也已对主流法律经济学所蕴涵的新古典主义价值观和方法论倾向作出了较多的批评。

(一)法律经济学的制度分析学派

该学派历史渊源很深,最早可以追溯到阿丹姆斯关于经济学和法理学的论述,经济学家康芒斯关于资本主义经济体制的法律基础的论述,以及法学家汉密尔顿的有关论述。在当代,最著名的代表人物是萨缪尔斯(W. J. Samuels)和施密特(A. A. Schimid)以及新制度经济学交易费用分析的核心人物、耶鲁大学的威廉姆森(O. W. illiamson)等人。他们三人的共同之处在于,不像波斯纳那样过于强调效益最大化或极端的分权制市场理念,而是将法律制度看成是一个可供选择的过程,即对法律经济现象进行比较制度分析,以交易费用为切入点,在多种制度方案中选择能使交易费用最低的制度安排。但是在分析的侧重点上,他们又略有不同。

　　萨缪尔斯秉承旧制度经济学的演进分析传统,将法律和经济过程看成是一个统一的系统,即法律是经济的函数,经济也是法律的函数,重在分析二者之间的互动关系及演进趋势。施密德则认为,法律制度是协调冲突和人们偏好的规则集合,它决定一个人或集团的选择集,并对经济绩效产生影响。他在"制度影响"(institutional impact)理论框架内讨论法律制度和经济绩效的关系。为此,他建立了关于"制度影响"理论的"SSP"范式,也就是"状态—结构—绩效(situation – structure – performance)"的分析范式。他认为,物品的特性(共享性、排他性、占先性、交易成本等)和个人特性(偏好、价值观、知识、策略行为等)导致人们在经济活动中的相互依赖性和利益的传统性,在给定的物品特性和人的特性状态下,人们会选择不同的权利结构,从而影响不同的机会集合以及财富在个人之间的分配(绩效)。这样,他就为法律制度的设计提供了实证的或规范的分析框架。他认为,传统的绩效变量——自由、效率和经济增长(或财富最大化)等在用于规范分析时,往往会产生误导,用于经验分析时,则无法令人满意。因为,社会成本和经济增长概念具有模糊性,当我们去寻求一种共同的价值标准时,有时往往会忽略利益冲突的人们之间的相互依存性,一旦利益冲突的人们之间存在相互依存性,谈论总体利益就是作出一种对各方利益加以权衡的价值判断。这种价值判断又带有某种主观性,因此在总体上很难说一种制度选择是否有效率,因为,对富人有效率的制度安排,不一定对穷人有效率,抽象的效率并不是一个令人满意的绩效变量。所以,与其花费心思为法律寻求一个客观的效率评价标准,还不如阐明冲突结构,权衡该制度选择究竟对谁有利,是对谁而言的自由,对谁而言的效率。[①]可见,施密德已经敏锐地觉察到了法律规则的选择并非是中性

---

　　① ［美］施密德:《财产、权力与公共选择》,黄祖辉等译,上海三联书店、上海人民出版社1998年版,第145页。

的,而是与政治过程和利益分配过程有千丝万缕的联系,其中必然涉及公共选择过程。

威廉姆森也不同意波斯纳的市场本位模式,尽管他也主张法律制度的效率导向,但他采用的是比较制度分析的方法,即认为人们是选择市场模式还是纵向一体化,取决于交易成本的大小,当市场契约费用大于一体化费用时,资产使用者会进行一体化。他将交易费用分析整合进契约过程的考察,区分出新古典契约、古典契约和关系契约三种类型,对于人们理解契约法和市场规制结构具有启发意义。威廉姆森对法律制度的经济分析的贡献在于,他提供了一种微观组织分析的理论框架和对法律制度背后隐藏的经济逻辑的深刻洞察。

总之,法律经济学最近十几年的发展,体现出法律经济学和制度经济学合流的趋势。法律经济学中的制度分析学派,已不满足于将法律经济学仅仅看做是经济学方法在法律制度分析中的运用,而是力图探寻法律制度和经济系统的内在联系,并在此基础上透视法律制度背后的经济逻辑。此外,其他的制度经济学家,如产权理论的代表人物阿尔钦、德姆塞茨、巴泽尔等,也对法律制度的经济分析提供了某种分析的视角或理论基础,许多法律经济学家都从他们的著作中寻找思想启迪和创作灵感。

(二)法律经济学的公共选择学派

法律作为一种公共物品,总是牵涉到集体选择问题。法律的制定和实施是一个与政治决策密切相关的过程。这就需要一个关于政府的实证经济理论,来解释政府的政策偏好以及利益集团游说对政治决策过程的影响。公共选择学派所从事的正是这样一种工作。

公共选择学派是以经济学方法研究非市场决策问题的一个重要学派,其主要代表人物是詹姆士·布坎南(James Buchanan)和戈登·塔洛克(Gordon Tullock)。它的诞生可以追溯到肯尼斯·阿诺(Kenneth J. Arrow)于1951年发表的《社会选择与个人价值》。塔罗克和布坎南于 1965 年成立了公共选择学会(Public Choice Society),他们认为公共选择理论是用经济学的研究方法去研究习惯上由政治理论家研究的问题。公共选择学派也将研究的触角延伸到法律经济学领域,对宪法的选择和改革、法律程序、法规效率与公正等问题都作出了独到的分析。法律经济学领域的公共选择学派,主要集中于对宪政的经济分析。这种分析宪法和宪政的经济后果的经济学,就是宪法经济学(Constitutional Economics)。宪法经济学的研究对象不是经济现象,而是像集体决策的规则这样的政治问题,"宪法经济学比正统经济学涉足'更高的'研究层次;它必须包容后者的成果及许多较不复杂的分支学科的成果"。宪法经济学目的也与经济学不同,"宪法经济学对那些维持宪法规定的人提出可能的规范建议,而正统经济学则对于实务的政治家提出建议,具体地说,宪法经济学考察对于约束的选择,而不是在约束内的选择,迄今为止,经济学家的注意力几乎是唯一地放在第二个问题上"①。宪法经济学角度的宪法的含义,比法学界的宪法含义更为广泛。它们建立起一组"元规则",这些规则成为形成和调整更具体的外在制度的一般原则。宪法经济学涉及的是不同规则间的选择,而不是在既定制度内的选择。采用"宪法"这个词表明并非针对特定的制度,而是在最一般层面上进行的研究;另一方面,表明个人在制度规则的形成上的最终权利。之所以说是最终权利,因为制度规则尽管不是人为设计的,但制度规则的形成要经过一致同意的检验。与宪法学相比,宪法经济学侧重的是宪法规则的经济学分析。宪法经济学的核心问题之一是"政府悖论",即政府的存在是经济发展的一个重要条件,但政府又常常成为经济发展的最大障碍。在这一问题的背后是权力与权利的博弈,是政治与经济的冲突,是政

---

① James Buchanan and Gordon Tullock, The Calculus of Consent, Ann Arbor: University of Michigan Press, 1962, pp. 98 ~ 103.

府对市场的侵犯。在市场条件下,权力与权利的摩擦成本会使市场半径缩小,市场功能退化和扭曲,直至消失。因此在市场条件下,宪政制度的出现是宪法发展过程中标志性的一页。所以宪法性规范既是政治装置又是经济装置;宪政则是在通过"制度之门"后对权力和权利关系的界定。

对于波斯纳所认为的普通法远离政治市场压力,公共选择学派指出,实际上,这是十分有害的天真观点。塔洛克(Gordon Tullock)在其《反对普通法的案例》(*The Case Against the Common Law*)①一书中指出,普通法很难不受政治压力的影响,法官是另类政客,他总是被政治过程选择出来,如果通过选举,选举过程就会影响法官决策。政治市场的偏见往往来源于一些特殊利益集团的院外游说,这些偏见也会影响法律的公正和效率。

(三)行为主义法律经济学

行为法律经济学将心理学的研究视角和理论引入到法律经济学分析中,其焦点落在主流法律经济学的某些基本假设与人类的真实行为不一致上。他们认为建立在反映非现实的人类行为的基本假设上的分析结论会导致错误的预测,通过运用从心理学、实证研究、行为实验中得到的经验材料和理论方法来全面验证理性选择理论,揭示了众多"反常现象"。大部分学者公认的行为法律经济学定义为:运用行为科学和心理学的成果更好地解释法律所追求的目标以及实现这些法律目标的手段,提高法律经济学的预测力和解释力。②

行为主义法律经济学针对主流法律经济学的理性人的假说提出的修正,包括:有限理性(人的认知能力有限度,在认知活

---

① Gordon Tullock, The Case Against the Common Law, Carolina Academic Press 1997.

② Jolls, Sunstein and Thaler, A Behavioral Approach to Law and Economics, 50 Stanford Law Reiew 1998, pp. 1471 ~ 1550. 他们在该文中首先使用了"行为法律经济学(Behavioral Law and Economics)"的概念。

动中会经常借助思维捷径和经验法则）、有限毅力（人们经常会做出一些明知有悖于自己长远利益的行动）和有限自利（在一些情况下会关注他人，关心公平）。通过认知心理学的实验研究及其成果（特别是卡尼曼和特沃斯基等人提出的启发式和"期望理论"）获得的主要具体分析工具，包括：维持现状倾向；损失厌恶，禀赋效应（对失去或可能失去的东西估价过高）；锚定效应（后续的判断会受之前信息摄取的影响并很难调整）；虚假相关或因果联系（不顾回归原理根据启发式建构事物之间的关联性）；风险评估偏误（对概率事件的评估违背统计原理，而受启发式的影响）；后见之明（事后诸葛亮）；对未来利益过分低估；将事物往让自己感觉好的方向想（self‑serving）；公平需求；社会规范脱离人的自利起作用。

上述诸多发现或假说对传统法律经济学包括科斯定理、预期效用模型在内的诸多规范理论从实证的角度提出了质疑。如果人的行为存在如此之多"非理性"的特征，传统法律经济学从"理性人"出发提出的政策和制度主张就可能存在重大问题。行为主义法律经济学已经从上述内容出发对合同法、财产法、侵权法、宪法、刑法、公司证券法、税法、婚姻家庭法、诉讼法等一系列领域内的原有法律经济学理论作出了修正的尝试。由于法律经济学经过 40 余年的发展，已经将拳脚伸向了几乎所有法律部门，所以，从社会心理学的角度来看，行为主义法律经济学的崛起大大改变了"法律与心理学"运动原有的相对边缘的地位，连人类学和社会学也同时沾光。

不难看出，行为法律经济学以行为经济学为理论基石。而主流的法律经济学——以波斯纳为代表的芝加哥学派，乃是经济理性主义假说的主要主张者，认为法律主体会以一种理性主义的方式而为法律行为，以新古典主义经济学为理论基石。行为法律经济学与主流法律经济学争论的焦点自然而然地落在经济理性——理性选择理论的有效性之上，这也是行为经济学与主流经济学的争论焦点。具体来说，行为法律经济学与主流法律经济学的观点碰撞,集中在理性选择理论假设条件上——理性预期、效用最大化、稳定偏好、充分的信息处理能力。回到主流法律经济学和行为法律经济学中的理性概念。以波斯纳为代表的主流法律经济学将法律经济学的实质定义为研究理性选择行为模式的方法论个人主义法学,以人的理性化全面发展为前提的法学思潮,坚持利益最大化原则,依赖效率标准来衡量法律制度,认为行为人具有完全理性。[①] 而行为法律经济学中的"有限理性"理论,认为行为人受认知能力和知识等因素限制,只能实现有限的理性。显而易见,主流法律经济学与行为法律经济学均承认"理性"概念,分歧在于理性的程度。正如西蒙所说,理性选择主义者看重选择的结果而非过程,行为而非心理;行为经济学所主张的有限理性属于经验主义的理性,偏重过程而非结果,心理而非行为。新古典主义经济学的理性分别与行为法律经济学中的这种经验主义的理性相区别,可以分别称其为实体主义与程序主义(或客观主义与主观主义)的二元对立。程序主义理性认为人们只能在其知识与信息的限度之内作出选择,它需要社会学和心理学的背景。可以说,行为法律经济学的理性程度假设更符合现实世界人类行为模式,也道出了主流法律经济学的完全理性假设的缺陷。

波斯纳在《行为主义法律经济学》一文[②]中,以老牌法律经济学家的身份,细致而又无情地对这一似乎标志着美国法律学术新一轮更新换代的研究进路痛加批评,捍卫理性选择理论。当然,该事件也被另一些学者认为标志着行为主义法律经济学

---

① 值得注意的是,波斯纳并不认为所有的个人都是理性人,也不认为新古典主义经济学的这些假设必然是真的,但坚持理性选择模型是已被经验、实证研究所证明的、非常有效的分析方法和模型。另一方面,法律经济学中所说的完全理性与新古典主义经济学中所说的存在差别,前者以制度相关为前提,后者以制度不相关为前提。See Richard · A. Posner, Economic Analysis of Law, 5 Edition, New York 1998, pp. 323~365.

② 最初于 1998 年发表在《斯坦福法律评论》上,而于 2001 年作为一章编入《法律理论的前沿》。

形成初步气候的一个标志。

波斯纳的批评包括:第一,理性选择的经济学家并不是如同其批评者想象的那样都是不可救药的非现实主义者。理性仅仅是指为了目的采取特定的手段。所谓的各种不理性的行为倾向,实际上完全并已经被理性模型(至少是波斯纳牌的)所吸纳。例如,人们对启发式等不理性行为自己有所认识,并可以调整,这恰恰说明人是理性的。所谓眼光不长远,实际上是没看到人们的贴现率完全可以使双曲线形的。最重要的是,总体(global)理性和局部(local)不理性并没有本质的冲突,理性选择经济学最大的理论优点在于其随机性,因此可以包含大量的所谓"不理性"行为却不会丧失其预测能力。第二,行为主义经济学理论进化不足,是以研究对象而不是方法定义的,这些对象只是最简单的理性选择模型不能解释的现象。这虽然也是有效的学术活动,但是不可能替代原来的理论。行为主义法律经济学理论主张过于模糊,不利于预测,甚至是反理论的。第三,社会心理学的许多实验本身的外部效度可疑,都是拿大学生做的实验,另外实验设计如果不过硬的话(波斯纳拿最著名的康奈尔茶杯试验和最后通牒游戏试验),只要进行一些后续测量就会发现很多现象都可以获得其他解释,如发信号。而且,如果行为主义法律经济学的政策建议仅仅是绕开人的不理性而不是消除之,那就显然未必好过就有框架。第四,行为主义法律经济学的很多制度启示涌动着某种家长主义的暗流,但问题是,为什么规制者、法院和专家就不会受到普通人一样的心理怪癖的影响了呢?

不可否认,波斯纳的批评和对理性选择的捍卫还是很有力度的。但仍需指出,这与其自身所持的理性选择理论的特点有关。事实上,正如克罗布金和尤伦指出的,理性选择学说本身也是一个争议很大的有诸多版本的理论,从弱到强可以包括:定义性的(definitional)、期待效用模型的(expected utility)、自我利益的(self-interest)、财富最大化的(wealth maximization)。

波斯纳(及《人类行为的经济学分析》的作者贝克尔)所持的理性选择理论,实际上是最弱的一个版本,即手段—目的的理性选择,显然理论包容力就极大。但是克罗布金和尤伦的指责是,理论弹性越大,预测的能力反而越小,对具体制度的帮助也会不足。

当然,就一些具体的反驳来说,波斯纳发扬了他一贯的吹毛求疵的风格,不断尝试在其广大的理性选择模型之内为行为主义法律经济学依据的社会心理学发现进行重新解释。这种努力固然在理论层面上会有价值,但是行为主义法律经济学的实用主义倾向应该被注意到并因此获得理解,该运动在很大程度上是问题驱动的,首先尝试借助新的智识突破或丰富传统的规范理论以增强对真实世界的描述与预测。当然,由于领域是全新的,所以内部的混乱和不完备也实属难以避免。波斯纳提出的很多问题,实际上恰恰是进一步研究的基础。

(四)法律规制经济学派

该学派对芝加哥学派的法律效率论和分权化的自由市场能够导致资源最优配置的理论表示怀疑。他们认为,现实中的市场存在种种"市场失灵",应该用包括反垄断法、税法、消费者权益保护法、公害防治法、公用事业法规(电信法、铁路法、邮政法等)、环境保护法等的法规和政策措施来纠正诸如公共物品、自然垄断、不完全竞争、信息偏在、外部性、风险性等市场本身不能有效解决的问题。政府可供采取的方式有价格限制、数量限制和经营许可证制度等。该学派在分析法律规制的经济理论时,有以下几种思路:(1)将规制看成是经济体系之外的外生变量,将政府看成是代表公共利益的外生机构,从而解决那些不能靠市场机制解决的外部性问题。如佩尔兹曼(Sam Peltzman)就认为,政府规制是以社会公共利益为基础的,法律规制应该满足消费者和生产者对总收益最大化的需求。日本著名产业组织理论专家植草益(1992)以资源配置效率为基础,兼顾公正、公平等因素考察了日本的电力、煤气、自来水等公用事业和电气通讯等产业的规制问题,提出了一系列纠正"市场失灵"的法律措施。(2)将政府规制视为经济系统的内生变量,法律规制本身也就成为一种商品,由利益集团之间以及政府、立法者、司法者之间的博弈结果决定,并且政府规制很可能会有利益偏向。持此观念的代表人物是斯蒂格勒。(3)反托拉斯法的经济学分析。传统的反托拉斯法经济学分析,着重从"市场结构—企业行为—经济绩效"范式出发,运用竞争均衡模型分析企业行为和效率,认为垄断会造成过高的价格,从而损害消费者的利益。而新的反托拉斯法经济分析则更重法律规制的效率,这一理论从效率最大化角度分析传统范式的缺陷,认为反托拉斯法的目的在于保护竞争而非保护竞争者,不是要全部禁止垄断,而是要禁止那些以固定价格为最终目的的垄断性兼并。反托拉斯法经济学在最近十余年里获得了突飞猛进的发展,其对交易费用和契约分析、博弈论和策略行为分析等新方法的引入,使法律规制经济学吸收了产业组织理论、应用微观经济学中的前沿理论。研究表明,反托拉斯法是一把"双刃剑",其规制效果是极其复杂的,不能一概而论。

(五)奥地利学派

奥地利学派学者对芝加哥学派法律经济学持批判态度,因为后者在经济效率模型中将法庭的信息成本理解为足够低。哈耶克认为,方法论个人主义和科学主义忽视了人的主观性,夸大了理性的作用[1],芝加哥学派试图为法律分析引入客观效率标准,这是不现实的。如:不管当事人是否有过失,损害的事后补偿成本都是一种公共物品,那么在财富最大化其责任安排时,如考虑其排他性,就会导致一种无效率的结果。成本和机会成本也是极具主观性的概念,其中的成本—收益计算总是为信息和有限理性所干扰,从而影响其理性选择,这就使效率结

---

[1]　Friedrich A. Hayek, The Counter - Revolution of Science: Studies on the A-buse of Reason, Liberty Press 1952.

果大打折扣。

(六)罗宾·保罗·麦乐怡

作为法律经济学中非主流学派的代表,美国法学家麦乐怡教授对主流法律经济学的新古典主义"市场本位"模式表示了不满,尤其是对波斯纳的卡尔多—希克斯效率意义上的财富最大化法律价值观作了辛辣的批评。麦乐怡在其《法与经济学》一书中认为,以新古典主义经济学作为理论基础的主流法律经济学,具有鲜明的价值倾向性,其对市场有效性的强烈依赖使之成为过分渲染的放任主义的辩护状。① 麦乐怡指出,法律具有鲜明的意识形态倾向。如果法律在创设之初是倾向于业主的,那么其在日后的发展中就很难发生与此相反的变化;如果法律创始之初是倾向于被雇者的,则情形会截然不同。法律在创设之初的选择将影响法律变迁的惯性和法律中规定的权力,并进而影响一个社会中的法定价值观念。据此,私有财产权总是用来保护有财产的人免遭无产者的侵害,而正是那些拥有社会资源的人才有权力影响一个社会的法律制度,并利用该制度谋利,法律往往反映、肯定当前社会资源的既定分配方式和价值观念并使之合法化。也就是说,法律制度总是有利于统治阶级的利益的,并且总是反映统治阶级的意识形态倾向。②

麦乐怡批评了波斯纳追求财富最大化的法律价值观。他以"妓女卖淫合法化问题"作为例子来说明波斯纳在此问题上观点的荒谬。基于波斯纳追求财富最大化的法律价值观,妓女卖淫行为是两个成人互相同意的自觉的交易行为,并且是符合科斯有效性定理和卡尔多—希克斯有效性定理的,因为甲乙双方的行为使得双方同时获利。但是当我们考虑到卖淫活动对家庭生活的和谐、街头犯罪、性病传播的影响时,卖淫活动的收益

---

① [美]罗宾·保罗·麦乐怡:《法与经济学》,孙潮译,浙江人民出版社1999年版,第44~48页。

② [美]罗宾·保罗·麦乐怡:《法与经济学》,孙潮译,浙江人民出版社1999年版,第42~44页。

似乎又被上述负面影响所抵消。① 况且，卖淫活动导致的 GDP 的增加究竟在多大程度上能够补偿其负面效应也是难以确定的。因此，对于卖淫活动的立法取向完全取决于立法者的价值判断，难以有一个客观标准。

据此，麦乐怡教授倡导一种所谓的"新法律经济学"，该理论将法律经济学理解为一种"符号互动的动态过程"，其中包含了许多隐喻和修辞等主观成分，而不是像主流法律经济学者那样试图给法律经济学披上"科学的外衣"。②

麦乐怡的观点用波斯纳本人的观点来说是对效益的误解。波斯纳认为，公平有两层含义：第一，分配公平，即个人收入的平均分配；第二，公平即效益。并且认为这是最普遍意义上的公平。他还认为，甚至不公正的概念也是从效益这一观念引申出来的。因为在一个资源有限的世界里，对资源的浪费应该被认为是不道德的。由此可推知，不讲效益就是不公正。因而，衡量法律制度好坏的标准就它是否能增进社会财富。效益应是评价、制定和选择法律制度的首要标准。以此来促进资源从效益低的人或部门转移到效益高的人或部门的手中，从而在更大意义上和更高层次上实现公平和社会正义。即判断行为、制度是否正义或善的标准，就是在于它们能否使社会财富最大限度化。这种态度容许效用、自由以至平等之间这些相互竞争的伦理原则之间的协调。总之，在波斯纳看来，追求社会财富最大化是最高的公正，效益是评判行为和法律制度是非好坏的标准。他用效益这个概念来代替传统的公平和正义。经济学包括效益原则能够提供明确的价值，那就是社会必须放弃不具有经济性的公正。这些可以看做是波斯纳对那些对法律的经

① ［美］罗宾·保罗·麦乐怡：《法与经济学》，孙潮译，浙江人民出版社 1999 年版，第 55～56 页。

② Robin Paul Malloy, A New Law and Economics, in Robin Paul Malloy and Christopher K. Braun, Law and Economics: New and Critical Perspectives, Petter Lang Publishing Incoperate 1995, pp. 1～29.

济分析的责难的回应。因而在《法律的经济分析》一书的第五部分,波斯纳专门就收入平等、分配正义和贫困、税收问题进行了辩论,从首版到第六版,这一部分的内容也随着学界批评的提出在内容上有所增加和修正。

(七)埃里克森(Ellickson)

以芝加哥学派为代表的主流法律经济学所表现出的法律中心主义倾向被埃里克森指责为争端解决的"法律中心主义"。①他通过对沙思塔(Shasta)农村社区农场主解决纠纷进行"田野调查",发现主流法律经济学的分析不符合农村社区农场主之间纠纷解决的现实。沙思塔的农民并没有通过权利和责任的法律界定和分配来获得合作秩序,而是更多地求助于非正式规范或重复博弈来解决纠纷以达成合作。埃里克森实际上已经注意到非正式规则在秩序治理中的重要性。埃里克森的研究表明,将法律视为解决外部性冲突的唯一方法的作法是有缺陷的。现实中往往存在多元秩序治理结构,在这种多元治理结构的内部,各种规则资源存在着互替、互补的关系,它们都对人类合作秩序的维持和演进作出了重要贡献。

---

① Robert Ellickson, Order Without Law: How Neighbors Settle Disputes, Harvard University Press 1991.

第四章　波斯纳思想的影响

　　作为一位尚在世的法学家,理查德·波斯纳对于法学发展的影响无疑可谓"深",并且可以预见,也必然会"远"。

　　到现在为止,法律经济分析这一学术思潮已经造就了繁荣昌盛的"学术工业"。[①] 就连作为法律经济分析的最坚定之批判者德沃金教授,也不得不承认:"这种常常被称为'对法律的经济学探讨进路'之态度,已经将一大部分美国法律教育变成其殖民地了"。[②] 而在世界范围内,一场国际性的法律经济学运动也已在全球兴起:从发源地芝加哥大学到美国的一些名牌大学,甚至到整个北美大陆和欧洲的一些普通法系国家,法学院和经济学院设立的法律经济学科目[③]已经引起了越来越多的人的兴趣,有关法律经济学的研究机构和学术刊物也纷纷问世。例如,在美国,法律经济学协会成立,波斯纳任首任会长;爱默里大学的"法和经济学研究中心"和《法经济学》杂志,迈阿密大学的"法和经济学研究中心"和《法与政治经济学杂志》,华盛顿大学的《法和经济学研究》杂志以及在纽约出版的《法律和经济学国际评论》,阿兰森主编的《最高法院经济评论》等相继问世;一些著名大学的老牌法学杂志,如《哈佛法律评论》、《耶鲁法律评论》、《哥伦比亚法律评论》、《多伦多大学法律杂志》

---

　　① 林立:《波斯纳与法律经济分析》,上海三联书店 2005 年版,序言。

　　② Ronald Dworkin, A Matter of Principle, Cambridge 1985, p. 4.

　　③ 例如,哈佛大学、芝加哥大学、斯坦福大学、加州大学伯克利分校、牛津大学、约克大学、多伦多大学等,纷纷在法学院、经济学院(系)开设了法律经济学课程。

等,纷纷对法律经济学的研究予以高度重视,刊载了大量的相关研究成果。在英国,"工业法研究会"成立,仅牛津大学就出版了《工业法杂志》和《法学、经济学与组织研究杂志》。在东亚的中国、日本,法律经济学研究也正在孕育之中,已出现了一些初步的研究文献和介绍性评论,中国的北京大学、浙江大学、中山大学、山东大学等,也相继成立了"法律经济学研究所"和"法经济学研究中心"等研究机构。法律经济学的国际性合作也正在蓬勃开展,早在 1990 年,欧共体国家就在基恩特(Ghent)大学建立了欧洲法律经济学院(School for Law and Economics),专门为欧共体国家提供跨国法律经济学研究生教育。

毋庸质疑,法律经济学已经取得了初步的成功,其部分原因在于,法律经济学自产生之日起就孜孜于寻求法学与经济学两门学科在"现实主义"精神方面的契合点。而在此之前,法学正徘徊于"法条主义"的死板的形式主义、概念法学与司法实践中法律解释的主观性之间;主流经济学家则正沉迷于脱离现实的形式主义"象牙塔"之中。在走向"现实主义"的呼唤下,法学日益致力于通过法条发现其背后隐藏的经济逻辑;而经济学则日益从法律诉讼案例中寻找经验支持,并在人与人之间权利和责任的配置中发现了正交易费用的"真实经济世界",从而使经济学研究更加"脚踏实地";而法学研究则借助于经济分析使其更加具有理性的逻辑力量。法学和经济学的优势互补促使法律经济学成为兼具理论和实用两种学术品格的有生命力的交叉学科。

一、经济分析方法对于法学方法论的贡献

(一)方法论的别具一格

"方法论"不仅包括研究所使用的具体方法,而且"涉及研究主体思考问题的角度选择、研究对象范围的确定、研究途径的比较选择、研究手段的筛选和运用、研究目的的限定等";法学方法论的基本含义则是"特定世界观支配下的一套方

法体系在法学研究上的应用"。① 哲学、自然科学和社会科学在发展中,不仅是其本体论的发展,也是研究该领域的方法和方法论的发展。有些学者认为:一切理论探讨,最终都可以归结为其研究方法论的探讨;一切理论变革又首先依赖于对其研究方法论的变革,只有方法论上的科学更新才能带来该学科的重大突破。② 方法论、分析方法和具体使用的分析工具对所研究的学科发展起着重大的作用。如在经济学的发展过程中,研究分析所凭借的数学工具的贡献功不可没;而将经济原理作为分析工具,应用于其他学科,也大大推动了其他学科的发展。布坎南、科斯、贝克尔等,分别将经济理论运用于政治学、公司制度、婚姻合约等研究而荣膺诺贝尔奖就是明证。

　　法律作为社会活动的强制性规范体系,如"杀人者死"这种简单的律令一样,有时显得决断、突兀,虽其背后有伦理、社会、政治的意识、习惯或潜意识,但若详尽论证其合理性、正义性,则需要更多的理论以及支撑这些理论的工具和模型。就分析法律的方法而言,概念是解决法律问题首要的、必不可少的基本起点,而建立在概念基础之上的分析推理、辩证推理,是分析法律的主要工具。然而,这些方法与法律解释学一样,局限于语言的逻辑分析。实证分析是法学研究领域中的主要分析方法,可追溯到罗马法的注释法学派,而汉斯·凯尔森创立的"纯粹法学"可以说把实证分析方法论推到了极致,即在贯彻实证分析方法时最完全和彻底;而以庞德为代表的法社会学派反对单一的实证分析,更强调规范分析的重要性,他认为:"价值问题虽然是一个困难问题,它是法律科学所不能回避的,即使是最粗糙的、最草率的或最反复无常的关系调整或行为安排,在其背后总有对各种相互冲突和相互重迭的利益进行评价的某

---

① 刘水林:《法学方法论研究》,载《法学研究》2001 年第 3 期。
② 刘水林:《法学方法论研究》,载《法学研究》2001 年第 3 期。

种准则。"①

法律经济学在方法论上所作出的最大贡献,就在于引入了经济学的完整架构来分析人类行为,而这套架构是传统法学所缺少的。传统主流的法学理论一直是法律的哲学,它的技术基础是对语言的分析。绝大多数法学家把实证研究想象成是对案件的分析,目的是力求法律解释的一致性。法律的经济分析是一个与传统法学思维不同的方向,经济分析通过收益、成本的差额比较来确定最有效率的行为方式或制度模式,其中的数量分析和行为理论的量化完全实现了理性的确定性要求,从而使法学研究进入到一个新的境界。

归纳整个法律经济学理论,其核心在于,所有法律活动,包括一切立法和司法以及整个法律制度事实上是在发挥着分配稀缺资源的作用,因此,所有法律活动都要以资源的有效配置和利用,即效率最大化为目的,所有的法律活动都可以用经济的方法来分析和指导。法律经济学还运用福利经济学、公共选择理论、博弈论及其他有关实证和规范方法,这些方法都以自己鲜明的特色使法律经济学充满生机。

法律经济学理论的一大特色和魅力也在于其方法论上的别具一格。法律经济学的研究方法论从最根本的层面上决定了法律经济学区别于其他法学流派的特质,特别是其中对逻辑起点的选择提供了迄今为止最为全面和最具逻辑连贯性的人类决策行为模式,是法律经济学最初也是最基本的关键性发展。法律经济学运用微观经济学的理论和方法来对法律进行分析,尤其是对法律进行实证性经济分析,具有明显的定量分析优势。它使人们的思维更加趋于准确。在注意实效的现代经济社会中,定量分析显得格外重要。在法律经济学的研究中,实证研究最适合用来分析法律的效果问题,或者说,实证经济学

---

① [美]罗斯科·庞德:《通过法律的社会控制·法律的任务》,沈宗灵、董世忠译,商务印书馆1984年版,第55页。

的分析方法最适合于研究法律的"效果评估"问题,包括对法律的效能作定性的研究和定量的分析。法律经济学运用实证研究来分析预测各种可供选择的法律制度安排得效果,目的是为了更好地说明,法律的实际效果与人们对该项法律预期的效果是否一致,或在多大程度上是一致的。实证研究在法律经济学中的运用,不仅促进了法律经济学研究的"模型化"和研究的"精确化",而且使得法律效果这个在法学中处于十分重要地位的法律分析问题研究取得了极大的进展。在西方法理学史上,人们曾经运用伦理学、政治学、社会学、历史学、人类学等方法研究法律,但这些方法都缺乏定量分析。由此可见,经济分析法学将经济学理论和方法引入法学领域,是法理学研究方法上的重大变革,它使人们对法律的研究更加深入。

　　加里·贝克尔在谈到法律经济学成功的原因时就指出,法律经济学获得成功的重要原因之一就是它很好地运用了三个重要的法律经济学原则:一是个人效用最大化原则,二是市场出清(供求均衡)原则,三是效率原则。[①] W. 赫希也曾指出:"尽管并非所有的研究者对法和经济学的研究视角和方法都持有一致的看法,但是,绝大多数的人都认为,新古典主义经济学的分析方法——包括经济理论与计量分析工具——构成了法律和法律制度经济分析的基本特征。"[②]这一点,连属于法律经济学中非主流学派的麦乐怡也看得十分清楚:"法律的经济分析通过对法律原则进行成本和收益分析及经济效率分析,使我们可以就法律实施的结果得出结论,并对特定的法律安排的社会价值作出评价。"[③]首先,法律经济学为原本不存在系统理论或

---

① See, Douglas, G. Barid, The Future of Law and Economics: Looking Forward, Univeristy of Chicago Law Review, Fall 1997.

② Werner Z. Hirsch, Law and Economics: An Introductory Analysis, Academic Press 1999, P. 1.

③ 罗宾·保罗·麦乐怡:《法与经济学》,浙江人民出版社 1999 年版,孙潮译,第 2 页。

可比性分析的法学领域提供了一种系统的观察方法。这种方法所使用的经济学原理并不复杂,却使法学研究更加符合西方自然科学的认识模式,从此,对法律、法律制度的合理性和价值判断,可以作出符合"科学性"的计算和量化。法律经济学运用微观经济学的理论和方法,对法律进行分析,"为法律实施、法律效果、法律效率、宪政理论等问题提出了一系列使我们为之耳目一新的假设、理论和方法"①。其次,法律经济学解决了某些法律制度所面对的困惑。以美国的反托拉斯法为例,法律经济学诞生之前,"传统的商人和保守的律师常被 20 世纪 50 年代的反托拉斯法所困扰,但他们却没有系统的概念和理论去反驳它,当用法律经济学的学术思想来分析现实世界时,他们才找到了支持他们偏好的和令人信服的学术解释"②。以版权法为例,"合理利用"是判断是否侵权的重要标准,但在规定"合理利用"之时,就预设了进一步论证"何谓合理"的问题,而这个问题,可能需要法律经济学来解决。"区别一个作品与另一个作品的差异在于基于这些原始材料之上的组合,在这种组合中体现了作者的技巧、知识、投资和判断。单纯依靠作者的知识、技巧、投资、判断来认定作品的原创性,实际意义不大,且难操作。但用经济学的分析方法来解决此问题就比较简便"。③

将法律体系或法院引入新古典分析框架是法律经济学的特殊贡献。自此,传统经济学中政府和市场之间关系的论争又加入了法律或法院这个维度。主流法律经济学主张,市场会失灵,政府也会失灵,且政府失灵较市场失灵更甚。因此,最小化政府是最好的政府;对于市场交易中普遍存在的外部性冲突,

---

① [美]理查德·波斯纳:《法律的经济分析》(上册),蒋兆康译,中国大百科全书出版社 1997 版,译者序。

② [美]道格拉斯·G.贝尔德:《法经济学的展望与未来》,吴晓露译,载《经济社会体制比较》2003 年第 4 期,第 83~89 页。

③ 朱慧、史晋川:《版权保护悖论的经济学分析》,载 http://www. privatelaw. com. cn/new2004/ztyj/%5Cshtml%5C20041105-215356. htm。

如果私人交易的成本过高,就可提起诉讼,通过普通法法院作出最后裁决,而该判例可作为公共知识引导后人的预期行为,促成合作秩序。这样,普通法和市场机制互为表里,互相促进,不仅使资源得到有效配置,也使普通法规则本身得到进化。"看不见的手"范式因此在法律经济学的知识谱系中深深地扎下了根。事实上,从总体上说,法律经济学理论的精神实质可以说就是斯密的"看不见的手"思想的现代版本。不过,以科斯和波斯纳为代表的主流法律经济学家已经不再将研究的视角局限于市场定价机制,而是将权利、责任等法律约束和其有效配置引入到其理论框架中,从而从政治哲学理念和法律上层建筑角度论证和支撑了私有产权制度和自由放任的市场制度在提高效率方面的作用。因此,"看不见的手"仍然是现代主流法律经济学的思想内核。这种"看不见的手"范式也正是主流法律经济学"市场本位模式"的立论基础,它通过将理想的市场竞争模型与理想的法治模型联结为一体,来揭示"市场与普通法法治"之间的内在关联,其中交易成本范畴成为联结二者的桥梁。

(二) 分析工具的局限

尽管法律经济学在最近几十年内取得了瞩目的发展,造就了"辉煌历史",甚至被人预言"将打破三大主流法学派鼎立的局面——与之相抗衡,形成四强并立新格局的趋势"[1],但法律经济学在发展中也表现出了许多值得注意的问题。法律经济学取得的成果和产生的广泛影响,得力于其方法论上的独特优势,而其发展的前景,也将受制于其分析工具的局限。

比如,法律经济学研究由于方法的高度理论化,无益于现实法律问题的解决。法学是研究社会活动规则和行为规范的学科,并非逻辑推理哲学思辨的纯粹理论体系。而当一门学科发展到一定阶段,纯粹形而上的研究使其理论体系逐渐完备的

---

[1]　刘全德:《西方法律思想史》,中国政法大学出版社1996版,第243页。

同时,离现实就会相应越来越远。理论、应用理论和现实之间,通过层际影响,形成较为稳定的知识和作用体系,完成了人类适应世界、认识世界和改造世界的知识积累。然而法学与神学和哲学不同,法学研究的根基必须紧紧扎根于现实生活的规范调整,着眼于社会的秩序和人们在现实中对正义和公正的期待。

在《芝加哥大学法律评论》杂志编辑部 1997 年召开的"圆桌研讨会"上,学者们比较一致地认为,法律经济学的研究可能"过于理论化"了,人们对真实世界提出的问题研究得不够。法律经济学从经济学中引入的概念、统计方法和经济考核的结论,为法律的研究提供了独特研究方法,但也将法学改变得更为"科学",在理论上更加科学的同时,与现实的距离却越来越疏远。加里·贝克尔认为"法律经济学研究过于理论化",而"如果一门学科过于理论化,人们就会总只是就其他理论家提出的问题展开研究,而不是试图回答为理解真实世界而提出的疑问"①。如同萨缪尔森的"共用品"理论虽然精湛,然而却被张五常和科斯当做教训一样,"我们认为许多经济学者所要'解释'的现象,都是无中生有,到头来是枉费心思","若不知道事实真相,就很难用理论去解释事实"。离开真实世界观察,单靠数学逻辑演绎所表现出的对现实的惊人智慧,往往可能只是"极其精炼的愚蠢"。

对法律进行数学描述,尽管可以得出复杂的公式,但如何计算、如何统计,依然是个问题。如果公式无益于实际数字的统计和标准制定,则这种公式和公式所表达的思路,当然令人怀疑。如刑法中"情节特别严重"、民法上的"显失公平",等等,均无法运用数学计量,也无法利用现代计算技术,给出一个真正科学明确的标准,而现实中实际运用的裁决标准,并非经

① See Douglas G. Garid, The Future of Law and Economics, Univeristy of Chicago Law Review, Fall 1997.

济分析所提供。

另一方面,法律经济学具有工具理性倾向。虽然目前鲜见学者从"工具理性"的层面来反思和评判法律经济学的方法论局限和其发展前景,但并不意味着经济分析方法可以和这种西方普遍存在的倾向相分离。现代西方科学技术、理性的长足发展对社会和人类认识能力的深远影响,早已引起人们的关注。韦伯早已指出,作为合理化结果的资本主义社会的经济和政治制度却使人完全失去了自主性,成了被动执行系统命令的存在物,由此人的价值和意义失落了,也就是说,理性蜕变成一种奴役人的工具,即工具理性。工具理性在现代社会已经演化成为技术理性,一种以效用最大化为最终目标的理性,其本身已经形成了一种宗教,构成了对人性的奴役。在法兰克福学派看来,由于工具理性或科学技术理性已侵入到了社会结构的各个方面,支配着现代社会生活的各个领域,从而构成了发达工业社会或晚期资本主义社会的社会控制的深层基础,因此科学技术成了一种具有非政治化要求的新型的意识形态,它以更加隐蔽的形式和不可抗拒的力量塑造了一个单面的社会与单面的人。

由于理性的社会历史性与人文特征,不仅使科学技术理性具有整合到社会结构的不同层次与各方面的可能性,使它在其历史发展中能够承担多种社会功能,使科学技术能够与特定历史主体、社会生活、意识形态、占统治地位的"旨趣"、"传统"等结合在一起,作为内在的因素发挥其作用;而且使科学技术理性能够不断变换与调整其结构与功能,使它能通过一系列科学技术革命与演进而成为由现代"生活世界"所塑造并用于设计该"生活世界"的理性工具。而这种科学技术理性与法律的形式性相结合,便导致在法学领域的工具理性倾向。

在法律的发展过程中,法律的形式主义早已存在,"在原始的法律程序中,带有神学色彩的形式主义和阐述的非理性条件相结合,然而,逐渐形成了特殊的法律与形式逻辑上的合理性和系统性"①,对法律的分析,需要理性工具,"如果一个法律制度仅以主观反映为基础,且否定理性分析工具的必要性,那么它一定是荒谬的"②;然而,对法律进行经济分析,就潜伏这样一个预设前提,即制度的经济效率是制度是否有效和科学的评判标准思维习惯和研究传统的影响,而社会福利可以通过数学公式加以计算,甚至"公平"和"正义"、"秩序"都可以作为制度的"经济产出"和进行"成本分析"。

数学化的自然科学,正如胡塞尔所言"这件理念的衣服使得我们把只是一种方法的东西当做真正的存有,而这种方法本来是为了在无限进步的过程中用科学的预言来改进原先在生活世界的实际地被经验的和可被经验到的领域中唯一可能的粗略的预言的目的而被设计出来的"③。法律经济学恰恰反映的是在经济学的工具改造中对工具的崇拜,对价值的放弃。现代道德和法律脱离传统形而上学真善美的精神母体,成为专门处理规范和价值的特殊领域是其表现之一,是工具理性作用的结果。

二、经济分析方法对部门法的"改造"

经济分析方法的引入,深刻而持久地改变了法学的一部分思考方式,也对部门法的制定和实践产生了巨大的影响。法律的许多领域,尤其是普通法领域中的财产权、侵权、犯罪、合同等,都被打上了经济理性的烙印。

(一)法理学

在法理学领域,从经济分析方法出发的"改造"聚焦在几个

---

① [德]马克思·韦伯:《论经济和社会中的法律》,张乃根译,中国大百科全书出版社1998年版,第306页。

② Alexander Pakeis, The Case for a Jurisprudence of Welfare, 11 Social Research 312. 转引自[美]E.博登海默:《法理学——法律哲学及其方法》,邓正来译,中国政法大学出版社2004年版,第505页。

③ [德]埃德蒙德·胡塞尔:《欧洲科学危机和超验现象学》,张庆熊译,上海译文出版社1988年版,第62页。

核心概念上：

1. 法律中的人

在法律经济学家的眼中，不仅将人视为平等主体的"抽象人"，更注意到人是积极追求自身利益最大化的主体（经济人），会对自己的行为可能带来的利益和成本（包括法律成本）进行理性权衡，作出相应的决策。从这个前提出发进行研究，就能理解人不会消极地服从法律，而会积极地应对法律所引起的成本和收益的变化，调整自己的行为。因此立法不能指望一定会出现"令必行，行必止"，自动地出现立法所预期的结果，而必须考虑到人是理性人，必须事先考虑他们的对策反应和行为调整，并在事先采取相应的措施。

这样的研究，对制定法律，解释法律变化的后果，有时会有难以估量的意义，可以将注意力引向更微妙或尚属空白的研究领域。例如制定"最低工资法"的后果，往往不是雇主服从法律，提高低收入者的工资，而是因破坏市场均衡使低收入者失去工作或导致大量更低工资的"黑工"出现。埃克曼教授在评价经济分析方法说，"这种分析方法提供了一个分析结构，使我们能够对由于采用一个法律规则而不是另一个法律规则的结果所产生的收益的规模和分配，进行理智的评价。这种分析是特别重要的，因为它常常揭示出，法律规则的潜在影响可能与推动制定该规则的立法机关或法院的目标（至少在表面上）大不相同。所以，只要不把经济学作为唯一的评价原则来误用，而是理智地运用它，就能使学生揭开修辞学的帷幕，抓住躲在法律问题背后的真正的价值问题"。[①]

2. 法的目的

法律经济学认为，任何法律现象都以一定的经济关系为基础，所有的法律规范都有其经济根源，因此法律制度、法律活动

---

① 转引自吕世伦：《现代西方法学流派》，中国大百科全书出版社 2000 年版，第 754 页。

（立法、司法和诉讼）的根本目的是有效地利用自然资源、最大限度地增加社会财富，或者说是以法律手段促进资源配置效率的提高。正如波斯纳所总结的："从最近的法律经济学研究中获得的一个最重要的发现是，法本身——它的规范、程序和制度——极大地注重于促进经济效益。"①

从这个目的出发，法理学应该致力于分析现有的法律制度和法律活动效果，注重其对人的激励—约束作用，并对人们的反应作出合理的预期。在此基础上，进行立法和司法活动，使其朝着提高资源配置效率的目标发展。当资源配置效率与社会公平目标发生冲突时，效率目标应该优先，公平暂时让路。社会财富将因效率提高而大幅增加，穷人也会间接得到好处（如贫困线提高，就业机会增多），在更高层次和更大意义上实现了社会公平。

3. 法的概念

法不仅是以强制力为后盾的主权者的命令，在法律经济学看来，还需要具备一些条件：

（1）可行性。法律要现实可行，就不能任意违背人的经济人理性特性，就不得不考虑法律实施的成本和收益。像美国20世纪二三年代由宪法第18条修正案引出的"禁酒法案"，虽然出自良好的道德愿望，但可行性太差，最终不得不废除。

（2）公开性。经济人的行动是趋利避害的，多数时候只有按照法律要求去做才会获得个人利益最大化，法律也因此可以通过改变人们的成本——收益的预期，来调节他们的行为，促进社会效益的提高。不过，这一切的前提是法律必须公开，而且不得不接受每一个人对此进行的成本收益衡量。

（3）激励性。法律应该激励人们的行为尽可能地符合社会利益，并为这样的行为产生而设计必要的条件和机制。在法律

---

①　转引自吕世伦：《现代西方法学流派》，中国大百科全书出版社2000年版，第755页。

活动中,应该尽可能合理地分配权利和义务,并使这样的行为始终处于中心地位。

（4）自洽性。法律制度本身,必须具备一个与法的目的相适应、相融洽的合理的结构。法律规范的规定、处理和制裁三个部分,及其相互之间的内在结构都必须符合法的目的,以促成有效率的结果发生。

4. 权利

从经济分析方法出发对权利的研究表明,权利保护也应遵循效率原则,共有三种保护不同权利的方法：

（1）财产规则。权利拥有者可以禁止他人的损害,除非经过谈判,他人愿意支付可接受的代价,使权利拥有者主动放弃权利；

（2）责任规则。他人可以降低（损害）权利的价值,不管权利拥有者是否同意,但必须事后补偿被降低的价值（由法院认定损害）；

（3）不可剥夺规则。法律禁止任何形式的权利转让。一般认为,交易成本（主要是谈判代价）不高时,权利保护适用财产规则；交易成本高昂时,财产规则可能会导致对权利估价低的人享有权利（效率低）,这时候就适用责任规则来保护权利,以促进更有效地使用权利。有些权利,如人身自由权和选举权,受不可剥夺规则保护,不得转让,这样才符合个人的利益,并实现社会效益最大化。

（二）财产法

财产的法律概念就是一组所有者可自由行使并且不受他人干涉的关于资源的权利。财产法保护的是财产权,财产权之所以重要,是因为它可以刺激人们有效地利用资源,从制度上保证资源配置的重要性。

有效的财产权有三个标准：

1. 普遍性。所有的资源（除非不稀缺,如阳光）都应分别地由某人占有,并经制度界定为权利,这是有效利用资源的先决条件。

2.排他性。特定的财产只能有唯一的权利主体,其他人只有通过交换或被赠与,才能得到,这样财产所有者才能尽其所能,使财产的价值极大化。

3.可转让性。财产权可以从一个主体转让给另一个主体,通过这种自由转让和重新配置,资源实现从低效使用向高效使用流动。

法律经济学认为,财产法中有四个基本问题需要解决:

1.私人可以拥有什么财产?经济理论的分析证明,在产品的使用和消费上存在竞争性和排他性①时,私有权是合适的。

2.财产所有权是怎样建立起来的?一般应遵循先占原则,这样易于执行并可刺激所有者进行投资;财产法的制定应该有助于私人之间进行谈判,并使私人达成协议所造成的损害降到最低的程度。

3.财产所有者如何处置他们的财产?应该容许所有者在不干涉他人的情况下,任意处置财产。

4.怎样保护产权?应该以禁令补偿办法保护所有者免受私害类的外部影响,而用得到损失赔偿的办法保护所有者免受公害类的外部影响②。

(三)合同法

合同是进行财产权利转移或交换的法律形式或程序,一份完备的合同是一个承诺,法律上严格的强制履行能力使它成为达到立约人和受约人目的的理想手段。如果合同是完备的,法律就应该帮助履行;如果合同是不完备的,法律应该纠正其中

---

① 竞争性和排他性是区别私人产品和公共产品的两个标准。公共产品具有非竞争性和非排他性的特征,非竞争性指一个人消费某种产品,不影响其他人的消费,非排他性指排斥他人消费该产品在技术上不可能或者代价太高;私人产品相应地具有竞争性和排他性的特征。

② 私害指影响极少数人的损害,用禁令的方式赋予某些人权利,可促使有限的几个当事人进行谈判,解决纠纷;公害指影响许多人的损害,由法院通过"模拟市场分析"来确定加害方赔偿的金额,节约众多人之间谈判的成本。

的缺陷。经济学理论为现代法院在合同纠纷中的作为提供了稳定的、科学的正当理由,特别在合同纠纷中的强迫、过失和显失公平等方面提供的经济学解释是值得注意的典范。①

合同法是为转移和交换财产权利提供保障和服务的法律,以规范的词句减少商品交换和财产转移过程中的复杂性,并使当事人双方在签订合同时考虑到可能导致合同失败的各种可能性和相互责任。合同法的目的不在于强迫签订和执行合同,而是要求双方根据合同选择一种当一方不履行合同时对另一方的补救。换言之,允许一方违约,只要按事先约定的或法院认可的方式给与另一方补偿,这样对双方都有利,促进资源配置效率提高。

概括地说,以法律的经济分析的观点看,合同法主要具有如下经济功能:

1. 维护适当的交换动机,特别是在交换不是同时进行的情况下。没有合同法,交换就不能顺利地、低成本地进行。

2. 提供一套规范术语和制度,避免当事人每次交易都要进行协商谈判来解决概念和规则,减少交换的复杂性和相应的费用。

3. 为未来的交易当事人提供有关可能废弃一个交易的各种偶然因素,协助他们预测各种意外的障碍因素,合情合理、切合实际地安排交换。

（四）侵权法

侵权是一种不同于违约的、损害他人享有的权利的行为。侵权行为多半是过失行为,即违反谨慎义务的违法行为。谨慎的标准,以理性的人在同样条件下可避免对他人的损害作为衡量。侵权法就是要在侵权者(加害方)和受害方之间分配风险和责任。

联邦法官伦德·汉德创造的"汉德公式",制定了分配责任的标准。严格责任原则是在无过失的情况下,侵权行为者应负

---

① 参见,[美]罗伯特·D.考特、托马斯·S.尤伦:《法和经济学》,施少华、姜建强等译,上海财经大学出版社2002年版,第7章"合同法经济学专题"。

的损害赔偿责任。20 世纪 60 年代以来,在产品责任领域逐渐开始适用严格责任原则。用汉德公式来衡量,严格责任原则不考虑成本和效益,因此仅就效率原则而言是有缺陷的。

美国联邦最高法院大法官汉德(Justice Learned Hand)

法律经济学认为,传统侵权法专家将侵权行为分为故意侵权行为和非故意侵权行为,这种区分方法是不必要的。因为大部分意外侵害在一定意义上都是故意的,是成本和收益衡量后的结果:加害者知道,如果他采取更多的预防措施(更高的成本),就可能减少事件的发生;但加害者认为,比起事先的预防,选择事后的赔偿更有利,特别对一个能从以往经验中预见到每年发生一定数量意外侵害的公司,更是如此。而许多所谓的故意的侵权行为,故意因素相当不明显。因此,对侵权法来说,更有意义的是将侮辱、殴打和侵占等与普通法犯罪非常接近的侵权行为区分出来,加以禁止或惩罚,因为这些行为纯粹是强迫性的财富和权利转移,没有任何经济效率可言。

(五)反垄断法(反托拉斯法)

对反垄断法进行经济学分析,强调市场竞争、提高资源配置效率,自一开始就是经济分析法学的重要内容。从 20 世纪50 年代以来,随着经济理论对垄断行为认识的变化,法律经济学对反垄断法的分析也依次经历了三个阶段：

1. 结构学派阶段（20世纪50年代末至70年代初）。结构学派认为，市场结构（主要指市场上厂商数量）决定市场行为（主要指价格的形成），市场行为决定市场效率。根据结构学派的经济学观点分析反垄断法，结论就是反垄断法重点不应是关注企业行为，而应该着力于改变市场结构，应该禁止造成集中水平提高和进入障碍增多的垄断性兼并。在此影响下，20世纪60年代，美国反垄断法打击的对象，首先是能直接影响市场份额变化的横向兼并。为此，政府还规定了垄断性兼并的市场份额标准，一家公司的市场份额超过标准就予以打击。

2. 芝加哥学派阶段（20世纪70年代）。包括斯蒂格勒（George J. Stigler）、波斯纳等人在内的芝加哥学派认为，反垄断法的首要目标应该是促进经济效率的提高，并以此来评价企业的行为；实施反垄断法的适当标准，应从市场份额转向经济效率。因此，他们认为，反垄断法应该保护竞争，而不是单纯保护竞争者，如果市场竞争者过多，不利于规模经济和效率提高，此时就应该允许竞争者之间兼并，在这种情况下大企业占主导地位反而会提高效率。反垄断法应该禁止的是以固定价格为目标的垄断性兼并，这种兼并会限制市场竞争，导致长期生产中的低效率。20世纪70年代美国反垄断法的实践不再片面地反对横向兼并，只有当企业兼并行为（或其他行为）中的反竞争效应大大超过它的行为产生的经济效率时，反垄断机构才会予以起诉。

3. 新产业经济学派阶段（20世纪80年代以后）。该学派理论将各种阻止市场进入和限制竞争的商业实践模型化，强调具有支配地位的企业会事先威胁打算进入自己市场的企业以阻止其进入，或在其他企业已进入市场后，采取不妥协的措施试图驱逐新进入者，如降价倾销以消灭利润，或对设备更新升级以提高竞争对手的成本等等。因此反垄断法的实践应该更注意企业具体的不正当竞争行为。

关于反垄断的补偿问题，经济分析法学主张，触犯反垄断法的,原则上应该是损害赔偿;必要时可以辅之以禁令、剥夺财产、刑事罚金、监禁等处罚方法。

(六)犯罪

法律经济学将犯罪与实施犯罪的决意看做是职业选择,认为一个人之所以选择犯罪活动,是因为该项犯罪活动对他来说,比任何可选择的合法职业能提供更多的纯利(包括货币和非货币的收益)。实施犯罪就决定于这种选择可获得的财富和所冒风险成本(刑罚与犯罪被发现的概率之积)的衡量,以及生活方式等无形因素。刑事侦破水平高低和刑罚的轻重,是决定犯罪成本乃至犯罪行为的重要因素。因此,提高刑侦水平、加重刑罚以提高犯罪成本,是预防和减少犯罪的重要措施。

当然,现行刑法中设立的刑罚是基于对过去经验的分析,必须根据经济利益的预期变化来确定刑罚的严酷程度和较高的适用频率,以降低犯罪的数量。犯罪所得与犯罪风险之间比例如果过分失调,不均衡,也会扭曲罪犯的行为决策。经济分析法学家们还进行了实证的检验,基本验证了以上结论,如犯罪行为被定罪的概率越高,该罪的发生率越低;被判罪和受监禁的概率越大,每月从监狱出来之后又再次被捕的人数越少,等等。

(七)程序法(诉讼程序)

法律的经济分析将法律程序视作分配资源的市场机制,认为法律诉讼许多时候解决的就是怎样分配资源以实现收益最大化。[①] 虽然通常由市场来决定这个问题,但是当市场决定的成本超过法院决定的成本时,这个问题就该由法院来处理。在这里,法律程序和市场有很多相似之处:

---

① 在《法律的经济分析》中,波斯纳将法律程序作为专门的一个部门来讨论。在美国的法律过程中,程序是至高无上的,程序上的违法将回导致一系列法律行为的无效。在波斯纳的这一著述里,也给予程序的高度重视,但他是从经济学的角度,去论证程序必须是能够节约成本和有效益的。他认为,市场通常能够决定资源配置的效益最优化,只有在市场决定的成本超过法律决定的成本时,法律制度才起作用。而法律程序(legal process)和市场过程一样,也是要讲究成本和效益规则。

其一,程序法像市场一样,利用与机会成本相等的价格来引导人们的效用最大化行为,去主动衡量违法的成本,以决定要不要违法:若赔偿金等于受害人损失,法律不是去强迫当事人服从法律而是强迫加害者支付与违法的机会成本相等的价格;如果赔偿金少于非法所得,法律实际上在鼓励当事人违法;赔偿金多于非法所得,当事人就不会再去违法。

其二,程序法的实施,取决于个人进行成本收益衡量的自利行为,而不取决于利他主义的法官。这种由当事人自己决定打官司,与市场交易中奉行的自愿原则是一致的。

其三,程序法中也包含市场的竞争机制,特别在对抗制诉讼程序中,法官只相当于一个消费者,被动地在两个竞争者(当事人)推销的商品(诉讼请求)之间进行选择。

其四,程序法没有人格性,对事不对人,与市场上人们对货不对人一样,法官保持着利益中立。

法律经济学认为,在诉讼程序中当事人各方和法院都充满着经济理性,对其分析基本上都可以运用经济学的工具。例如,决定是否提起诉讼(如果预期的损失赔偿金小或比预防费用大,那么诉讼数目将变少),决定采取和解还是审判(之所以出现审判而不采取和解,是因为发生纠纷的各方对审判的预期价值量超过了和解的价值)等等。经济分析法学的分析甚至认为,随着无效法律在法庭上不断受到非难并被推翻,而有效法律很少受到非难并被保留,法律会随着时间的推移变得更加有效。这一分析,是对法律进化理论的最大支持。

三、法律经济分析对于中国法学的影响

自20世纪90年代开始,法律经济学在我国法学界掀起了一股热潮,法律经济学在我国从简单的理论引进阶段发展到吸收、创新阶段。与此同时,"法律经济学"也渐有"商标"的意味。

自不必怀疑,对于中国的法学方法论而言,经济分析方法

有其独特的意义。在中国历史上,"法"很大程度上是治国驭民的工具和手段,故有"乱世用重典"、"法网恢恢,疏而不漏"、"刑不上大夫"等说辞,而没有可能对法律这种工具本身是否合理、如何使之更为合理等进行深入研究。"什么是法律?法律为何有效?"这类的基本问题,仍然困扰着中国,而法学方法论的薄弱,也就不难理解。中国法学的幼稚,其实在于法学的研究缺乏深厚的法学理论基础和哲学、伦理学、社会学基础①,即使在我国台湾地区,"大学中的中文系,多只注重语文训练,而忽视思想上的培养"②,也反映了中国的法学研究在方法论上欠缺。虽然中西的文化理论和制度渊源差别甚大,但近代中国的发展,是对西方的利器、制度乃至文化逐步认识并逐渐推崇的过程,而中国对法律的认识和法律制度的构造,对法律认识工具和分析工具的认知、熟悉和使用,无不带有西方引导的色彩。以效益为核心概念的经济分析方法,正在且在未来将更有助于修补中国传统的认识方式和思想观念,从而对中国的立法、司法和法学研究领域的实践,影响达至深远。

1. 立法活动

波斯纳在《法律的经济分析》中指出:"法律制度中的许多原则和制度最好被理解和解释为促进资源有效率配置的努力——也是本书的主题。"③美国著名法理学家艾克曼在谈到关于法律的经济分析时也提出:"这种分析方法提供了一个分析结构,使我们能够对由于采用一个规则而不是另一个法律规则的结果所产生的效益的规模和分配,进行理智的评价。这种分析特别重要的是,因为它常常揭示出,法律规则的潜在影响可能与推动制定该规则的立法机关或法院的目标(至少在表面

①　郭振杰:《中国民法法典化之反思》,载《西南政法大学学报》2004 年第 6 期

②　徐复观:《考据与义理之争的插曲》,载《中国思想史论集》,上海书店出版社 2004 年版,第 329 页。

③　[美]理查德·波斯纳:《法律的经济分析》(上册),蒋兆康译,中国大百科全书出版社 1997 版,译者序。

上)大不相同。所以只要不把经济学作为唯一的评价原则来误用,而是理智地运用它,就能使学生揭开修辞学的帷幕,抓住躲在法律问题背后的真正的价值问题。"①

我国传统法理学忽视法律与经济的内在联系和相互作用。② 长期以来,法学家曾普遍地认为经济学的有关理论包括成本理论、效益理论,对于说明和评价法律制度的意义不大;经济学家则认为,他们的重点是研究如何实现社会财富的最大化,至于何种分配是"最好的"、"公平的",则是立法者和法学家所应研究的。但是,在市场经济条件下,市场经济就是法制经济,在法律越来越多地直接参与经济生产、参与资源和财富分配的情况下,立法者不仅要考虑法律的"公平性"、"正义性",而且还要考虑甚至必须首先考虑法律的"效益性"。换言之,制定的法律要适应市场经济内在规律的要求,也就是法律的经济分析学派所极力主张的,要将是否有利于资源的优化利用,减少资源浪费,提高经济效益作为判断实存法律制度和确定法律未来发展的基本依据,即法律"立、废、改"的基本依据。

因此,制定的法律应创造出有效使用资源的行为刺激,从而引导和促使人们按照最有效的方式使用资源。由于存在信息上的障碍,同时个别主体(包括个人或团体)的资源使用行为并不总是理性的,因而立法必须把在经济实践中形成的资源优化使用和配置的一般经验加以确认,并借自身的普遍性、规范性和强制性的特点,使这些经验成为约束人们行为的普遍性规则,从而提高全社会资源使用和配置的优化程度。

2. 司法活动

"对法律经济学而言,这一点表明,任何法律,只要涉及资源使用——而事实上恰恰如此——无不打上经济合理性的烙

---

① 转引自张文显:《二十世纪西方法哲学思潮研究》,法律出版社 1996 年版,第 236~237 页。

② 严存生:《新编西方法律思想史》,陕西人民教育出版社 1989 年版,第 328 页。

印……判决时，你也正在对资源使用的各种可能进行明确或不明确的比较和选择。无疑，判决必须依最有效率地利用资源这一原则进行。"①波斯纳指出："法律的许多领域，尤其是（但并不仅限于）普通法领域中的财产权、侵权、犯罪、契约，都无不打上经济理性的烙印。虽然很少有在法官意见中明确引用经济学概念，法律裁决的真实理由往往被法官意见的特殊语词所掩盖而非阐明。事实上，法律教育主要就是要求人们学习如何透过语词的表面现象发现这些理由……发现许多法律原则依赖于不可言喻的效率追求是不足为奇的。"②

随着我国市场经济体制的建立和健全，以法律手段调节社会经济生活的比重将不断上升，司法机关受理的案件尤其是经济案件数量及其复杂性将日益增加。法院的判决将日益显露出对资源配置和使用效益的影响。因此，实践要求司法人员不仅要学好法、用好法，而且要具有一定的经济分析法学的理论知识和对法律进行经济分析的能力，从而正确地理解法律的精神，更准确地适用法律，提高办案的效率，促进社会财富的增值。

考虑法律的经济后果是理所当然的、不可避免的。然而，传统法学未充分考虑到法律制度对整个社会造成的经济后果，更谈不上运用有关经济学理论、方法来探讨和研究这种后果。不可否认，法律是处理纠纷的规范，法学为处理纠纷而解释法律规范时，自然也必然要衡量各种纠纷所发生的利益关系。但是，传统法学所考虑的这种后果，是应用法律规范判定权利和义务。它给纠纷当事人带来的利害得失可以称之为一次或微观的结果，并不考虑某种法律制度所规定的权利和义务体系以及在处理各种纠纷之后，会给社会资源配置、社会财富总量产生何种影响，这种影响可称为法律的二次或宏观的结果。然而

---

① ［美］理查德·波斯纳：《法律的经济分析》（上册），蒋兆康译，中国大百科全书出版社1997版，译者序。

② ［美］理查德·波斯纳：《法律的经济分析》（上册），蒋兆康译，中国大百科全书出版社1997版，译者序。

现实告诉我们,在处理有关纠纷时,仅仅考虑法律的一次或微观的结果是不够的,还必须考虑它会带来的二次或宏观的结果。因为不考虑法律制度的安排给整个社会经济带来的影响,而仅仅拘泥于单纯的、个案的法律解释和适用的做法,已不再适应已经变化了的客观社会形势的需要。

具体来说,在司法过程中,要把法律对个别主体行为的评价视角从行为主体延展至社会,换言之,将个别主体行为置于社会整体利益之中加以认识。在计划经济以保护财富为宗旨的条件下,法律较少考虑个别主体行为的外部性,也不理会个别主体的明显损害资源的行为;然而,在市场经济条件下,根据保证资源优化使用和配置的目标,法律对个别主体的行为应当有新的评价角度。在这种视角中,不存在绝对与社会不发生联系的个别主体的法律行为,个人对财产使用的同时,也是全社会资源使用和配置的有机组成部分。而对于不符合全社会资源优化使用和配置的个别主体行为,在司法过程中应给予否定评价,并予以相应限制。

3. 法学研究

如前所述,法律经济学一大特色和魅力就是其方法论别具一格。它运用微观经济学的理论和方法来对法律进行分析,尤其是对法律进行实证性经济分析,具有明显的定量分析优势。它使人们的思维更加趋于准确。在注意实效的现代经济社会中,定量分析显得格外重要。在西方法理学史上,人们曾经运用伦理学、政治学、社会学、历史学、人类学等方法研究法律,但这些方法都缺乏定量分析。由此可见,经济分析法学将经济学理论和方法引入法学领域,是法理学研究方法上的重大变革。它使人们对法律的研究更加深入。正如《法律的经济分析》译者序言部分指出的:三十多年法律经济学的历史表明,它既是对现代法律分析本身固有思维弱点的一次无情冲击,又无疑是对传统经济思想核心的回归和重整。① 这场革新对第二次世界大战以来西方民主社会赖以生存的经济、政治、法律方面大部分信条和清规戒律提出了挑战。正是这场思想、理论和技术的革新,为法律实施,法律效果、法律效率、宪政理论(包括政府行为控制、民主决策或制度选择)等问题提出了一系列让人为之耳目一新的假设、理论和方法。②

法律经济学将经济学理论和方法运用于法律领域,第一次深入地揭示经济学和法学这两门学科之间内在的紧密联系和相互作用。这一点在当今研究市场经济条件下的法治,讲究经济建设、社会发展时代,是十分重要的。

然而另一方面,尽管当今世界信息的传播和共享已非昔日可比,经济发展也趋向全球化,但一个国家、一个民族的地理环境、历史传统、文化习惯,以及在经济全球化过程中的世界性分工,仍然长时期影响甚至决定这个国家这个民族的思维习惯、认识角度和方法。民族的习惯和性格不会因交流的频繁而趋同,在研究方法、研究工具上的学习和模仿,也不会导致认识问题的思维方式迅速转换和同化。法律的经济分析方法,在中国能否成为一种流派,并发挥如同其在美国一样的作用和影响,仍是个问题。在中国,法律经济学的发展前景面临着比其发源地美国更多的实际问题。

比如,第一,中西方哲学基础和观念不同的问题。中国哲学与西方哲学最大的不同,在于西方哲学是建立在主客二分、以人为主基础上;而中国哲学,则强调人的本性、人的意义与世界的统一体,简言之,即"天人合一"。这两种不同的哲学思维,使西方哲学重视对外在于人(主体)的客体知识的探讨,即认识自然,而中国哲学注重对人自身及周围世界本质及存在意义的

---

① ［美］理查德·波斯纳:《法律的经济分析》(上册),蒋兆康译,中国大百科全书出版社1997版,译者序。

② ［美］理查德·波斯纳:《法律的经济分析》(上册),蒋兆康译,中国大百科全书出版社1997版,译者序。

探讨。中国人的主流思维模式是感性强、理性弱,由于主流思维是模糊、体验、直觉性的,是象征主义、相对主义、一元主义的思考模式,它适合文学和哲学的创作,但不适合科学的发展。这种思维方式和哲学路向的不同,使得中国的法律和西方的法律有根本的不同,而对法律进行西方科学式的"经济分析",必然受制于思维习惯和研究传统的影响。同样,经济分析而带来的"效益分析"无法替代法律的"正义"、"公平"观念,中国历来有"不患寡而患不均"的道德追求,而"多寡"也可以看做是"效益"的计量,而是否"均等"则是社会能否"公正"、是否"和谐"的标准。在法律经济学的规范研究中,其最大的特点就是确立和突出法律的经济分析中的"效率"标准,即以效率为标准来研究在一定社会制度中法律的制定和实施问题。在一些法律经济学家看来,传统法学研究所强调和重视的是"公平"、"正义",而这一类概念本身的含义往往是模糊不清的。同时,在非常多的情形下,经济学的分析都可以得出与法律分析相同的结论,所以,可以用"经济效率"去取代"正义"之类的传统法律概念,甚至可能将法律转为经济学,这样,在法律中的价值体系中,就将效率提高到比公平更高的层次,会造成对中国法律的价值需求的曲解。

第二,方法论基础的差异和不适应问题。从法律经济学的研究方法来看,法律经济学是以"个人理性"及相应的方法论的个人主义作为其研究方法基础,以经济学的"效率"作为核心概念,以"成本—收益"及收益最大化方法作为基本衡量标准来进行法律问题研究的。加里·贝克尔在谈到法律经济学成功的原因时指出,法律经济学获得成功的重要原因之一就是它很好地运用了"个人效用最大化原则、市场出清(供求均衡)原则、效率原则"这三个重要的经济学原则。[1] 法律经济学是以方法论

----

[1]　See Douglas, G. Barid, The Future of Law and Economics: Looking Forward, Univeristy of Chicago Law Review, Fall 1997.

个人主义的假定作为其研究基础的，这也是其与传统的法学研究相比较法律经济学的研究具有的特征之一。方法论个人主义的核心思想是：社会理论的研究必须建立在对个人意向和行为研究的基础之上，分析研究对象的基本单元是有理性的个人，并由此假定集体行为是其中个人选择的结果。因此，从法理学的角度来看，法律经济学实质上是研究理性选择行为模式的方法论个人主义法学，或者说，是一种以人的理性全面发展为前提的法学思潮。中国学者对逻辑分析，尤其是数学的分析相当隔膜，而在研究原则和研究方法上更需要长时间的模仿、学习和主动适应。虽然对外的交流和分析工具的搬运可以解决对话的空间问题和器具问题，但是，中国一直以集体、整体为出发点，摒弃个人至上，义理观也轻视"利"（效率）、偏重于社会秩序、着力于管制。同样需要注意的是，我国在社会转型过程中，更多的是自上而下的制度构建，自外而内的制度移植，对个人主义一贯报以怀疑的态度，因此，以方法论个人主义这种假定作为中国法律制度的研究基础，本身就有先天不足，而这种研究基础不改变，法律经济学在中国的发展必然内力不足。法律的经济分析所需具备的工具和功底的积累问题和法哲学一样，"法律人问问题，哲学家回答"需要的是各有专业纵深的人员之间的交流和"商谈"，而在专业化分工更加详尽的今天，法和经济学的交叉也面临人们知识结构是否合理和各知识流域之间能否通约的问题。

罗纳德·科斯教授于 1961 年发表的《社会成本问题》，是法律经济学领域里程碑式的文献，但科斯依然只是一位经济学家，其本人也坦承对"法律仅有的一些了解，源于 1929 年和 1930 年在商学院攻读学士学位时所选修的一些法律课程"。而我们对经济学基本理论的掌握有限，更多地停留在政治经济学阶段，社会制度问题一直是重点关注的研究领域。19 世纪末至 20 世纪初，随着以马歇尔为代表的新古典经济学的产生及在欧洲大陆主导地位的确立，经济学已经取代了政治经济学，资源配置成了经济学研究的核心问题。中国现有的研究资源,尚不能够提供具备丰富扎实经济学功底的经济学家,也无法提供具有扎实法学理论功底的法律学家,相同专业领域尚存在相互隔膜和误读,不同专业以"对话"、"商谈"来促成整体知识的提高,还有更多的问题。现在的法律经济学研究机构如何发挥法学家和经济学家的"联席"功效,法律经济学研讨会如何摆脱法学家和经济学家自说自话,走向共同讨论、协商对话的良性发展,也许是一个代际问题。

　　虽然中国传统法学一直不重视甚至拒绝将效率纳入法律的价值范畴之中,虽然中国法学家们因为习惯于把公平、正义和其他原则作为参考坐标,而不习惯于接受"效率"、"成本"、"价格"、"财富的最大化"、"均衡"、"资源配置"、"博弈"等经济学概念,以至于法律经济学在中国的最初发展不自然、十分生硬甚至艰难,但是,中国法学家们无法拒绝市场经济的挑战,无法拒绝20世纪社会科学相互渗透的发展趋势,无法拒绝世界经济全球化和信息地球村的发展趋势和国际法律经济学运动的迅猛冲击。纽约大学的法学教授杰弗里·P.米勒(Geoffrey. P. Miller)也曾经指出:"法律经济分析的焦点虽然集中于英美法系法律规则,但它的成果只要作适当的修改,同样可以适用大陆法系和其他诉讼体制。"[①]法律经济学的研究在我国不断推进着,在慢慢地或者说稳健地走向一种蓄势待发状态。这种状态发展的最后结果极有可能是中国传统法学的革新。

---

　　①　转引自吴杰:《民事诉讼机制改革与完善的法律经济分析》,载《政治与法律》2000年第2期。

第五章　波斯纳及其思想简评

一、睿智多产的法律人

据说,作出最大成就的,是既聪明且勤奋的人;第二等,是勤奋但不聪明者;第三等,是聪明但不勤奋者;第四等,自然是既不勤奋又非聪明者。毫无疑问,波斯纳属于这第一等。

论聪明,他思辨精细、强识博记、机智迅速、想象力超群、理解力极强;论勤奋,若他确实每天晚上都睡觉,睡眠的时间恐怕也短得可怜。到目前为止,波斯纳已密集地出版了近四十部学术著作、四百多篇论文、将近两千篇的司法意见书(未借助理之手,而是亲笔撰写),涵盖多个领域,跨及法理学、刑法的经济分析、知识产权、合同法、侵权法、反垄断法、保险法、劳动法、法律与文学、宪法和法律文本的解释以及性别研究,等等。即便他除了教职外,没有担任任何其他职务,这一产出数量也是极其惊人的。[①]《法律的经济分析》、《法理学问题》、《性与理性》、《超越法律》、《衰老和老龄》、《联邦法院》、《法律与文学》、《道德和法律理论的疑问》、《公共知识分子》……像小山一样的著作摆在你面前,会让你首先会为他的写作范围之广而慑,旋为他分析方法之杂而晕,后为其思考问题之深而倒。一个人的头脑里竟然能有这么多东西,自然无愧于"一人智囊团"(a one-man think tank)的美誉,是一个"永远坐在教室的第一

[①]　平均起来,波斯纳每年约产出十篇学术论文加一本以上的专著,超出了一位勤奋的全职法学教授。

排,能答出所有老师想要的答案的大孩子"(the grown－up version of the kid who always sat in the front row and knew the answer to the teacher's questions)。[1] 从波斯纳不断涉猎新的领域也可以看出,与他的偶像尼采一样,他也是一个浪漫主义者,视人生为一个不断创造的和突破的过程。

波斯纳心中的偶像——尼采

尽管波斯纳形容自己是个简单人(a simplifier),但事实上,同他的作品一样,波斯纳是一个复杂体,他是哲学方面的实用主义者、政治主张方面的自由主义者和法学方法论方面的经济学家的结合。他的外表和内心也是矛盾的:他文风犀利,牙尖嘴利,在学术批判上毫不留情,得理不饶人;但据说,在日常

---

[1] Gary Rosen, Wall Street Journal, January 15, 2002.

生活中,所有同他有过哪怕是简短交往的人都认为他是一位非常绅士的人,对人非常礼貌、周到,说话谦和、幽默。波斯纳喜欢说的话是,"我跟我的猫有一样的人格。冷漠、诡秘、无情、势利、自私,还爱玩,当然,也有些残酷"。①

二、独到"个性"的学说

对于波斯纳的阅读和理解是一个痛苦的过程,正如他的偶像——霍姆斯大法官所说的那样,任何值得你去花时间的东西,都是得来不易的。他的作品可以让人充分体会到理论之美,体会到理论也可能不那么枯燥,而是有趣的。

波斯纳的存在,用苏力先生的话来说是:"他大大扩展了法学和法律的知识来源,并把美国的以司法为中心的法律的实践上升为一种法学的话语。"②半个多世纪以前,正统的法学理论大致是从政治哲学和伦理哲学中衍生出来的,而且都比较形而上;法学与其他学科的联系一直不紧密,许多法律学者努力发现法律的本质,试图在此基础上构建一个自洽的形式化的体系。但是自 20 世纪 60 年代"经济学帝国主义"进入法学之后,其他社会科学、人文学科也都紧随而来。这一点在波斯纳的著作中特别明显,波斯纳不仅吸收经济学,而且引进哲学、社会学、人类学、政治科学、社会生物学、文学和文学理论、史学、修辞学、博弈论等学科的研究成果;这些知识成了他对法律的强有力的分析工具和材料。

阅读波斯纳,我们能明显地看到他对于常规科学的摒弃。他的著作不仅改变了法律的论证,更重要的是挑战了传统的法学世界观,即认为法律自身构成了一个高度形式化的体系,因此只要发现了这个体系,严格依据这个体系,按照"法律的逻

---

① Larissa MacFarquhar, An interview with Richard Posner, The New Yorker, Dec. 10, 2001.

② 转引自《〈波斯纳与法律与经济分析〉书评》,载 http://www.cenet.org.cn/article.asp? articleid = 16346。

辑",就可以发现法律的正确结论。而波斯纳以他的理论分析以及对具体案件和制度的分析挑战了这一世界观。我们从中看到,法学并没有这样一个坚实的基础。"法律的终极目的是社会福利"——而不是什么正义——这是波斯纳常常引用的卡多佐的断言;因此,所有的法律原则、学说、教义和制度,甚至具体案件的判决结果,其正当性都是社会的接受、承认,是其在社会中的实际功能和后果。但这并不意味着拒绝形式主义。波斯纳以他犀利的思想解构了许多神圣法律教义和制度,但他并没有贬斥或完全拒绝这些教义和制度,他只是试图以一种社会科学的模式重新理解、重新建构它们。正如波斯纳所说:"在美国的法律专业人员中却存在着这样一种趋势;他们将法律看做是一个逻辑概念的自主体,而不是一种社会政策的工具。经济学的考察能使法学研究重新致力于对法律作为社会工具的理解。"①从这个意义上说,他改变了我们对于法律的"教条主义"的看法。法律不仅仅是那些可用来比照判决的条文,它也应该是可以用来观察社会、认知世界、寻求真理的实证分析工具。

按照他的观点,从经济学或财富的最大化角度来看,法律的基本功能就是改变刺激。其核心在于,所有法律活动,包括一切立法和司法以及整个法律制度事实上是在发挥着分配稀缺资源的作用,因此,所有法律活动都要以资源的有效配置和利用——即效率极大化为目的,所有的法律活动都可以资源的有效配置和利用——即效率极大化为目的,所有的法律活动都可以用经济的方法来分析和指导。

波斯纳的法律经济分析这一名称很容易使人误认为它也像马克思主义法学一样,强调经济因素对法律的决定作用。但事实上,他的经济分析学说同马克思主义唯物史观的经济决定论是根本不同的。马克思主义唯物史观承认经济、政治和意识形

① [美]理查德·波斯纳:《法律的经济分析》(上册),蒋兆康译,中国大百科全书出版社 1997 年版,原作者序。

态等因素之间的相互作用,但同时认为,社会历史发展过程中的决定因素。而波斯纳则虽然强调对法律进行经济分析,而且也使用了很多经济学概念和术语,但仅从作为他的整个学说的出发点的那个假设,即人是对"自我利益"的理性的、最大限度的追求者这一点而论,就可以看出,他的经济学说是以历史唯心主义作为理论基础的,即将人的思想动机作为社会历史发展过程中的决定力量。

这里还应指出,他的那个假设来源于西方思想史中盛行的抽象的人性论,特别是 19 世纪英国哲学家休谟[①]的人性论。但休谟认为,人不仅有利己的本性,而且为了与人合作,还在有限的范围内是利他的。而波斯纳则认为,人的本性是追求最大限度的自我利益,但这种自我利益的追求中也可能包括他人的利益。不管波斯纳对"自我利益"如何解释,他所讲的人性论从形式上讲是抽象的,在实质上讲就是以个人主义或利己主义为核心的资本主义意识形态,它与以集体主义为核心的社会主义意识形态是对立的。还应注意的是,波斯纳虽然没有明确指出他的经济分析是以哪种社会形态的经济和法律为对象的,但事实上他是以资本主义经济和法律,特别是以美国当代经济和法律作为对象的。同时,尽管他对资本主义经济和法律的个别体制、政策和规则提出了批评,但在他看来,唯有资本主义经济和法律才是有存在和发展的价值的。例如,他所提出的三个基本

---

① 大卫·休谟(David Hume,1711—1776),苏格兰哲学家、经济学家和历史学家,他被视为苏格兰启蒙运动以及西方哲学历史中最重要的人物之一。虽然现代对于休谟的著作研究聚焦于其哲学思想上,他最先是以历史学家的身份成名。他所著的《英格兰史》一书在当时成为英格兰历史学界的基础著作长达 60 至 70 年。历史学家们一般将休谟的哲学归类为彻底的怀疑主义,但一些人主张自然主义也是休谟的中心思想之一。研究休谟的学者经常分为那些强调怀疑成分的(例如逻辑实证主义)、以及那些强调自然主义成分的人。休谟的哲学受到经验主义者约翰·洛克和乔治·贝克莱的深刻影响,也受到一些法国作家的影响,他也吸收了各种英格兰知识分子如艾萨克·牛顿、弗朗西斯·哈奇森、亚当·斯密等人的理论。

经济概念,即价格和需求数量的反比关系、可供选择的价格以及在自由交换条件下资源具有最高利用价值的倾向,实质上就是以资本主义私有制为基础的市场经济的一些基本规律和要求,如供求法则、机会成本和自由市场等。同样地,他认为,保护财产权法律的经济功能是"创造有效利用资源的刺激",只有使每块土地归某个人所有,这个人才会努力耕种这块地,获得它的最大限度的价值。而且"从理想上讲,所有资源都应归或可以归某个人所有"。在这里,他不是讲什么抽象的财产权,而是在为资本主义私有财产权的"美德"进行论证。

不少学者对波斯纳法律的经济分析"轻道德,重效率"嗤之以鼻,法律经济分析学派对于这些法律的传统主义者之"既笨又顽固",只知念着"正义"的口号而完全脱离现实地蛮干也很不以为然。但若将分歧暂时搁置,"有一点是可以肯定的,即努力获得一个独立领域并被命名为法律经济学的这一学科的目的是将经济学的研究方法与法学理论和法律制度的有关实质性知识结合起来"①。法律的经济分析为法律的自身进化提供了另外一种可能发展范式,使我们深刻地明白了"天下没有免费的午餐"的道理:做任何事情都是需要有代价的,法治也不例外。

当更多的知识分子从道德自卫的角度来批判实用主义,认为它不过是粗俗市侩功利的工具哲学的时候,波斯纳却决断地宣称自己就是"一个彻头彻尾的实用主义者"②,令观者大多为之摇头感叹"无可救药",欣赏他的人却击节大呼痛快过瘾——为他的与众不同,更为他的自我坚持。

---

① Richard A. Posner, Creating a Legal Framework for Economic Development, World Bank Research Observer, Februry 1, 1998.

② See Tibor R. Machan, Posner's Rortyite (Pragmatic) Jurisprudence, 40 Am. J. Juris. 361, 1995.

三、法律的经济分析学说中未能解决的问题

忽略波斯纳和他的法律经济分析学说头上环绕的华丽光环,对波斯纳将"效率"或"财富最大化"这种经济目的当做做律的标杆之思想加以更进一步的反思,可以看到,其触及了不少价值哲学上的难题。这些问题,是他在讨论任何法律领域的案例时都未能真正解决的难题。

(一)经济分析的方法论问题

对于法律的经济分析方法论的个人主义历来存在着广泛的批评与质疑,由方法论的个人主义引申出的方法论的主观主义更是增加了经济分析的不确定性。经济分析方法论的个人主义强调只有个人才有目标和利益;社会系统及其变迁产生于个人的行为;所有大规模的社会学现象最终都应该根据只考虑个人——考虑他们的气质、信念、资源以及相互关系的理论加以解释。① 这种个人主义长期遭到方法论整体主义的挑战。整体主义理论通常与政治学、社会学、人类学联系密切,其核心的主张在于强调整体优于部分,社会整体大于自主个人的单纯加总。整体主义的典型代表马克思站在历史的整体角度强调个人既是社会的又是历史的,个人不能脱离于所生活时代的物质生活条件的制约。自主的个人如何脱离与现实的制度来解释制度本身的演进和变迁始终是个人主义所无法解释的矛盾。

由方法论的个人主义所衍生出的方法论主观主义强调个人理解世界的能力和价值判断,而这种理解世界的能力和价值判断是因人而异的。波斯纳对功利主义的评价是度量困难,但度量问题同样没被经济分析所彻底解决,效率的评价标准问题仍是困扰经济分析的难题。帕累托试图引入序数观念解决效用的度量问题,但如前所述帕累托效率存在实践上的局限性,而

---

① [美]马尔科姆·卢瑟福:《经济学中的制度》,陈建波等译,中国社会科学出版社 1999 年版,第 38 页。

卡尔多 - 希克斯的补偿性效率似乎又将这种补偿仅局限于金钱补偿,而这似乎缩小了效用最大化的指涉的范围。包括后来的波斯纳似乎都将效率的评价标准诉诸金钱,从而引出其社会财富最大化的概念。经济分析中一旦涉及主观主义的方法论,其不确定性便相应出现。

(二)经济分析的道德缺陷

不可否认,法律的经济分析方法是一种颇有意义的研究方法,它带来了法律研究方法的变革,为分析法律制度和法律现象提供了新思路。但是,最初主要由经济学家倡导的经济分析法学存在着先天的道德缺陷。法律经济学强调通过对法律规则进行成本和收益分析及经济学的效益分析,使人们可以就法律实施的结果得出结论并对特定的法律安排的社会价值作出评价。这种方法以"个人理性"及相应方法论的个人主义作为方法论基础,将效率提高到前所未有的高度,以效率为标准研究在一定社会制度中法律的制定和实施问题,更有甚者,如波斯纳认为,效率在最普遍的意义上可以被视为正义,基于经济原则建立的道德体系同人们日常的道德体系是一致的。而对行为的施动者——理性的人的行为动机与人性的考察并不关注,正如经济学家罗宾斯所说:经济学是"研究这样一种人类行为的科学,即把人类行为视为与具有多种用途的稀缺手段之间的关系"[1]。因而,"经济人"的行为就是选择适当的手段,以保证所期望的目的得以实现。如果这种选择与目的是一致的,那他就是理性的。至于行为的动机,"就我们的研究范围而言,我们的经济主体可能是纯粹的利己主义者、纯粹的利他主义者、纯粹的禁欲主义者、纯粹的耽于声色口腹之乐者,或者更可能的是所有这些冲动的混合型人物"[2]。也就是说,经济学家更关

---

[1]　Lionel Robbins, An Essay on the Nature and Significance of Economic Science, Macmillan 1932, p. 16.

[2]　Lionel Robbins, An Essay on the Nature and Significance of Economic Science, Macmillan 1932, p. 16.

心的是"经济人"是否按理论的预测行事，至于所有关于"经济人"自私是否实际上代表人性的争论都是浪费时间。经济学家常常贬低传统的法律方法，认为正义思想是"模糊"的，缺乏正规的不会干扰法律研究的完美的数学模式。他们被自然科学的模型所迷惑，而忽视了法学从其诞生之日起即与其纠缠不清的伦理道德。应该说，在一个偏重伦理道德、研究非市场行为的领域中，片面张扬以研究市场行为为主的经济方法是不相宜的。从这一点就可得出，法律的经济分析方法只能成为法律方法的一种，并且这种方法本身也并非不需要修正。

（三）社会财富最大化问题

"财富最大化"问题可谓波斯纳整个学说的核心困难。德沃金与波斯纳之间的论战最终就集中在社会财富最大化问题上，即经济分析者认为的，就规范性的方面而言，社会财富最大化是一个有价值的目标，司法决定应该尽量使社会财富最大化，例如可以通过交易成本将权利分配给那些愿意购买它们的人。波斯纳似乎是在效率的评价标准界定为金钱的意义上引出财富最大化概念的，缩小了财富最大化所指涉的范围。德沃金举了一个书的例子，通过询问社会财富最大化是否是一个价值追求进行反驳。尽管他过于看轻物质利益的观点有待商榷，但剔除了效用的社会财富最大化能否成为一种法律价值确实不是强有力的。财富最大化，这种使所有商品和资源都持有在相对于支付意愿来说最能发挥他们价值的人手中的状态，更像是对一种效率状态的表述，代表了一种资源移动方式，像帕累托移动、卡尔多－希克斯移动一样，其内涵是包含于效率之中的。在效率已经成为一种法律的价值的情况下，强调财富最大化是一种价值很古怪。

虽然，财富最大化成为一种工具的价值并非没有道理。波斯纳说："是什么驱使法官按财富最大化的指令裁判普通法案件？繁荣是一个无可争议的政策，与此相应，财富最大化措施要比纯粹的货币措施更灵敏——繁荣就是这些目标之一，是法官需要促进的目标——对司法刺激的浅薄理解是他们至少在推动法官制定普通法规则，促进分散的但强有力的使市场运行的社会政策方面是合理的。因为这可能是唯一的司法程序工具使法官能以一贯合理而无可置疑的方式促进社会政策；如果是这样，财富最大化就给法官提供了一个既充裕又具社会性的有用指引。"①财富最大化仅仅作为一种工具上的理解是不需要作更多限定的，就像锹只能用来挖土，如果想实现其他的功能就必须求助于其他工具，而财富最大化的目标就是为了更多增加社会财富，或者直接说是物质财富。德沃金也承认："金钱或金钱等价物是有用的，它能使人过一种更有价值、更成功、更幸福或者说更有道德的生活。"②

　　但是，"财富最大化"就一定带来幸福吗？人的各种幸福都可以用财富换取吗？会不会有时候人更大的幸福之源是财富以外的事物，而要得到它正好必须放弃全部或一部分财富？在这种情形下我们为什么还要淡淡只追求"财富最大化"？为什么不是追求"较小的财富＋其他能产生更多幸福满足的事物"？为什们不是综合考量各种幸福之源相互结合而能产生的幸福结果？如果"财富最大化"并不是在一切情况下都等于"最大的幸福"，甚至有时候"财富最大化"还正好带给某些社会成员痛苦而违背正义（例如要牺牲某些社会成员的尊严使其痛苦，才能促成社会总体财富最大化），能不能划清范围，或至少提供一组抽象的准则以供人判定哪一些法律案例是财富最大化哲学可以合理适用的，哪些是不能适用的？

　　自然，波斯纳提出的"财富最大化"当然是反映其认为世界上要谈幸福，绝大部分还是离不开钞票的，只要人还以"酒囊饭袋"之体活在现实世界中，谁都不能说其幸福是不需要靠钞票

① Richard A. Posner, What Do Judges and Justices Maximize? ——The Same Thing Everybody Else Does, 3 Supreme Court Economic Review 1 (1994).

② Ronald Dworkin, "Natural" Law Revisited, 34 Florida Law Review 1982, p. 189.

的。所以,波斯纳虽然也知道金钱不完全等同于幸福(即他使用的"效用"概念),但他认为反正毕竟是"八九不离十",而且用金钱做标准有避免主观,即可以科学化地计量的优点,因此他宁可选择"财富最大化"论述的唯一尺度,但他的理论建构仍走得太远,并且有些轻率。对此,熊秉元教授论述精辟:"波斯纳自己也认为'财富极大化'只是一种逼近(approximate)'效用极大化'的做法,是一种退而求其次、不得已的做法。既然是以'财富极大化'来逼近'效用极大化',也就是借着'财富'来间接反映'效用'或'福祉';那么,在财富和效用这两者彼此不抵触的时候,运用这个原则当然不成问题。可是,如果'财富'和'效用'发生冲突的时候,还能坚持以'财富极大化'为目标吗?"当然,波斯纳本人并没有否认那些财富以外的幸福之源及其和财富的追求发生冲突的情形,只是他认为财富的确是最普遍且显而易见能制造幸福的工具,所以我们原则上应尽力追求财富最大化;至于会发生冲突的情形,波斯纳在理论上也说当然应该另当别论,但他却不想讨论这些具体的情形,即致命的是,他不愿意花费心思,也无法指出哪些案例、哪些处境正是所谓的这种情形。即表面上波斯纳承认财富之外的幸福之源及其和财富的追求发生冲突的情形,但他不想也不能提供标准告诉我们何种境况属于那种情形;当人们已然遇到那种情形,本不该以"财富最大化"作为行为的标杆时还照样只单单拿着"财富最大化"作为行为的标杆,而波斯纳的学说完全不可能加以提醒或制止,而在实际上等于是让"财富最大化"成为在一切情形中唯一的价值标准。[①] 在这个意义上,我们也许可以说,波斯纳的学说在为我们提供了经济分析工具的同时,也缩小了人类的视野,在不经意间矮化了人类思想所能驰骋的高度。

---

① 对此,林立先生有一个非常妙的比喻:"这就像有人说:'多多运动是有益健康的,除非是做运动的时机不对',但是此人却又无法指出,也从来无心探讨什么时候是'不适合做运动的时机',而知识无时无刻不鼓吹人们去做运动。"参见,林立:《波斯纳与法律经济分析》,上海三联书店 2005 年版,第 18 页。

　　此外,当今世界性的经济改革、政治改革和法律改革实践提出了许多挑战性的命题,其中蕴涵了诸多理论拓展的机遇,新制度经济学等都从其中吸收了一些理论营养,一门专门研究从计划经济到市场经济过渡的"转轨经济学"也正在形成之中。相比之下,法律经济分析对转轨问题的反应则显得较为迟钝,原因在于,对于主流法律经济学家来说,"市场"和"看不见的手"仍是他们近乎"神化"的信仰。从现实主义的角度来看,法律的经济分析对法律演变的动态过程的研究也较为薄弱。已有的研究多是从法律史或从制度经济学的角度将法律变迁看做制度变迁的一部分,以相对价格分析或成本—收益分析为基本的分析手段,着眼于法律需求方面来揭示其自然演进性质,而没有注意到法律的供给方面,即当权者供给法律的政治意愿和政治能力被大大地忽略了。当我们将注意力从法律长期变迁转移到当今转轨国家的法律改革与秩序治理时,法律的供给方面和政治过程的意义就显现出来了。但对转轨国家的法律改革的经济学分析的文献还非常少,系统而深入的研究似乎还没有见到。尽管施莱佛(Shliefer)和波斯纳已经作了先驱性的研究工作,但其缺陷在于仍是以市场本位理念先入为主地进行分析,而且带有很多意识形态偏见。因此,它们在揭示转轨国家法律改革的特殊性方面显得缺乏说服力。法律变迁和法律改革不仅涉及制度在时间上的连续性,也涉及制度在空间上的延展性。后者在当代社会表现为全球化、开放视野下各国法律规则的竞争与融合。对后发国家来说,则表现为对先行国家或发达国家法律制度的"移植"。如果像法律经济学者那样将普通法的效率看做一种先验的普适的效率,那么就可能得出一个误导性的结论,即后发国家只要全面地移植西方发达国家的普通法制度,就能达成效率结果。这显然是不现实的。法律如果缺乏民意基础,又不能与该国的政治结构和传统文化相容,则肯定缺乏生命力——好看而不中用。也就是说,在别国有效率的法律,在本国可能会缺乏效率。即使移植过来,也可能会发生变形，即所谓"橘生淮南则为桔，橘生淮北则为枳"。这表明，考察法律系统不能将其与政治结构和既存的非正式规则环境割裂开来，而应将其看做是制度结构中相互联系的整体的一部分。总之，如果我们着眼于公共政策和立法决策，就必须关注政治过程对法律效率的支撑作用，还要关注由传统非正式制度的演进所造成的"路径依赖"。

科斯在 20 年前（1988 年）说过，"在法律和经济学这一新的领域里，人们将面临艰巨的任务。经济制度和法律的关系极为复杂。法律的变化对经济制度的运行和经济政策具体表现产生的许多效应，我们还一无所知。……在我们面前，是那遥远、艰难而又值得试探的旅途"。[①] 而发展至今，法律的经济分析也尚是一个新兴的理论，它还有待于进一步完善，它仍然处于"青春期"[②]；波斯纳本人的学术生命之树也正青，有足够的精力和智力将他的理论大厦建构得越来越完美。

[①]　R. H. Coase, The Firm, the Market and Law, University of Chicago press 1988, pp. 5 ~ 30.

[②]　事实上，法律的经济分析自面世后就一面与批评者展开论辩，一面汲取营养不断修正。从波斯纳的《法律的经济分析》一书一版再版和一改再改，也可见其生命力之一斑。

参考文献

1. Richard A. Posner, Breaking the Deadlock: The 2000 Election and the Courts, Princeton University Press, 2001.

2. Richard A. Posner, The Economics of Justice, Harvard University Press, 1981.

3. Richard A. Posner, Antitrust Law: An Economic Perspective, University of Chicago Press, 1976.

4. Richard. A. Posner, Economic Analysis of Law, Aspen Law Business, 1998.

5. Richard A. Posner, Affirmative Action: The Answer to Discrimination?, Am. Enterprise Institute Round Table, 1975.

6. Richard A. Posner, The Problems of Jurisprudence, Harvard University Press, 1990

7. Richard A. Posner, Not a Suicide Pact: The Constitution in a Time of National Emergency, Oxford University Press, 2006.

8. Richard A. Posner, The Decline of Law as an Autonomous Discipline: 1962 – 1987, 100 Harv. L. Rev. 761 (1987).

9. Richard A. Posner and Elisabeth M. Landes, The Economics of the Baby Shortage, 7 Journal of Legal Studies 323 (1978).

10. Richard A. Posner, The Problematics of Moral and Legal Theory, 111 Harv. L. Rev. 1637 (1998).

11. Richard A. Posner, A Reply to Some Recent Criticisms of the Efficiency Theory of the Common Law, 9 Horfstra L. Rev. (1981).

12. Richard A. Posner, The Ethical and Political Basis of the Efficiency

Norm in Common Law Adjudication, 8 Hosfstra L. Rev. 487 (1980)

13. Richard A. Posner, What Do Judges and Justices Maximize? ——The Same Thing Everybody Else Does, 3 Supreme Court Economic Review 1 (1994).

14. Richard A. Posner, The Law and Economics Movement, 77 American Economic Review 1981.

15. Richard A. Posner, Utilitarianism, Economics and Legal Theory, 8 Journal of Legal Study 103 (1979).

16. Richard A. Posner, A Reply to Some Recent Criticisms of the Efficiency Theory of the Common Law, 9 Horfstra Law Review 775 (1981).

17. Richard A. Posner, Creating a Legal Framework for Economic Development, World Bank Research Observer, Februry 1, 1998.

18. Richard A. Posner, What Has ragmatism to Offer Law?, 63 University of Southern California Law Review 1653 (1990).

19. Robin F. Grant, Judge Richard Posner's Wealth Maximization Principle: Another Form of Utilitarianism? 10 Cardozo Law. Review 815 (1989).

20. Fred R. Shapiro, The Most Cited Legal Books Published Since l978, 29 Journal of Legal Studies 397(2000).

21. Larissa MacFarquhar, An interview with Richard Posner, The New Yorker, Dec. 10, 2001.

22. Jeffrey Cole, Economics of Law, An Interview with Judge Posner, 22 Litigation (1995).

23. Robert S. Boynton, "Sounding Off" – a Review of Richard Posner's Public Intellectuals, The Washington Post Book World, January 20, 2002.

24. A. Posner Brief Biographical Sketch, http://home. uchicago. edu/ ~ rposner/biography.

25. Amartya Sen, On Ethics and Economics, Blackwell Publisher Ltd. , UK, 1987.

26. David D. Friedman, Law's Order, Princeton Press, 2000.
27. Robert Cooter and Thomas Ulen, Law & Economics, Addison Wesley Publishing Company 2000.
28. Cornel West, The American Evasion of Philosophy: A Genealogy of Pragmatism, University of Wisconsin Press, 1989.
29. Ronald Dworkin, Law's Empire, Harvard University Press, 1986.
30. Ronald Dworkin, A Matter of Principle, Harvard University Press, 1985.
31. Ronald Dworkin, "Natural" Law Revisited, 34 Florida Law Review165 (1982).
32. Ronald Dworkin, Is Wealth a Value?, 9 J. Legal Stud. 191 (1980).
33. Thomas S. Kuhn, The Structure of Scientific Revolution, University of Chicago Press, 1970.
34. James Buchanan and Gordon Tullock, The Calculus of Consent, University of Michigan Press, 1962.
35. R. H. Coase, The Firm, the Market and Law, University of Chicago press, 1988
36. Gordon Tullock, The Case Against the Common Law, Carolina Academic Press, 1997.
37. Friedrich A. Hayek, The Counter – Revolution of Science: Studies on the Abuse of Reason, Liberty Press, 1952.
38. Robin Paul Malloy, A New Law and Economics, in Robin Paul Malloy and Christopher K. Braun, Law and Economics: New and Critical Perspectives, Peter Lang Publishing Incoperate, 1995.
39. Robert Ellickson, Order Without Law: How Neighbors Settle Disputes, Harvard University Press, 1991.
40. Tibor R. Machan, Posner's Rortyite (Pragmatic) Jurisprudence, 40 Am. J. Juris. 361 (1995).
41. Lionel Robbins, An Essay on the Nature and Significance of E-

conomic Science, Macmillan, 1932.

42. Douglas, G. Barid, The Future of Law and Economics: Looking Forward, Univeristy of Chicago Law Review, Fall 1997.

43. Werner Z. Hirsch, Law and Economics: An Introductory Analysis, Academic Press, 1999.

44. 〔美〕理查德·波斯纳:《法理学问题》,苏力译,中国政法大学出版社 2002 年版。

45. 〔美〕理查德·波斯纳:《道德与法律理论的疑问》,苏力译,中国政法大学出版社 2001 年版。

46. 〔美〕理查德·波斯纳:《超越法律》,苏力译,中国政法大学出版社 2001 年版,

47. 〔美〕理查德·波斯纳:《法律、实用主义与民主》,凌斌、李国庆译,中国政法大学出版社 2005 年版。

48. 〔美〕理查德·波斯纳:《正义/法律的经济学》,苏力译,中国政法大学出版社 2002 年版。

49. 〔美〕理查德·波斯纳:《衰老与老龄》,周云译,中国政法大学出版社 2002 年版。

50. 〔美〕理查德·波斯纳:《公共知识分子:关于衰退的研究》,徐昕译,中国政法大学出版社 2002 年版。

51. 〔美〕理查德·波斯纳:《法律的经济分析》,蒋兆康译,中国大百科全书出版社 1997 年版。

52. 〔德〕埃德蒙德·胡塞尔:《欧洲科学危机和超验现象学》,张庆熊译,上海译文出版社 1988 年版

53. 〔美〕罗伯特·D. 考特、托马斯·S. 尤伦:《法和经济学》,施少华、姜建强等译,上海财经大学出版社 2002 年版。

54. 〔美〕罗纳德·德沃金:《认真对待权利》,信春鹰等译,中国大百科全书出版社 1998 年版。

55. 〔美〕罗纳德·德沃金:《法律帝国》,李常青译,中国大百科全书出版社 1996 年版。

56. 〔美〕本杰明·卡多佐:《司法过程的性质》,苏力译,商务出

版社 2000 年版。

57. ［美］罗宾·保罗·麦乐怡：《法与经济学》,孙潮译,浙江人民出版社 1999 年版。

58. ［美］施密德：《财产、权力与公共选择》,黄祖辉等译,上海三联书店、上海人民出版社 1998 年版。

59. ［英］尼尔·麦考密克：《法律推理与法律理论》,姜峰译,法律出版社 2005 年版。

60. ［美］尼古拉斯·麦考罗、斯蒂文·G.曼德姆：《经济学与法律——丛波斯纳到后现代主义》,吴晓露等译,法律出版社 2005 年版。

61. ［美］道格拉斯·G.贝尔德：《法经济学的展望与未来》,吴晓露译,载《经济社会体制比较》2003 年第 4 期。

62. ［德］马克思·韦伯：《论经济和社会中的法律》,张乃根译,中国大百科全书出版社 1998 年版。

63. ［美］罗斯科·庞德：《通过法律的社会控制·法律的任务》,沈宗灵、董世忠译,商务印书馆 1984 年版。

64. ［美］博登海默：《法理学——法哲学及其方法》,邓正来译,华夏出版社 1987 年版,

65. ［美］A.米切尔·波林斯基：《潜在缺陷产品的经济分析:一份波斯纳＜法律的经济分析＞的购物指南》,明辉译,载《哈佛法律评论——侵权法学精粹》,法律出版社 2005 年版。

66. ［美］马尔科姆·卢瑟福：《经济学中的制度》,陈建波等译,中国社会科学出版社 1999 年版。

67. 刘星：《法律是什么》,中国政法大学出版社 1998 年版。

68. 林立：《波斯纳与法律经济分析》,上海三联书店 2005 年版。

69. 刘全德：《西方法律思想史》,中国政法大学出版社1996 版。

70. 张乃根：《当代西方法哲学主要流派》,复旦大学出版社 1993 年版。

71. 崔之元：《"看不见的手"范式的悖论》,经济科学出版社 1999 年版。

72. 严存生：《新编西方法律思想史》，陕西人民教育出版社 1989 年版。

73. 黄有光：《福利经济学》，中国友谊出版公司 1991 年版。

74. 陈正云：《刑法的经济分析》，中国法制出版社 1997 年版。

75. 吕世伦：《现代西方法学流派》，中国大百科全书出版社 2000 年版。

76. 易宪容：《科斯评传》，山西经济出版社 1998 年版。

77. 朱景文：《认真对待意识形态：批判法学对德沃金〈法律帝国〉的批判》，载《外国法评译》1993 年第 4 期。

78. 朱苏力：《<公共知识分子：关于衰退的研究>序》，载［美］理查德·波斯纳：《公共知识分子：关于衰退的研究》，徐昕译，中国政法大学出版社 2002 年版。

79. 刘水林：《法学方法论研究》，载《法学研究》2001 年第 3 期。

80. 郭振杰：《中国民法法典化之反思》，载《西南政法大学学报》2004 年第 6 期。

81. 徐复观：《考据与义理之争的插曲》，载《中国思想史论集》，上海书店出版社 2004 年版。

82. 吴杰：《民事诉讼机制改革与完善的法律经济分析》，载《政治与法律》2000 年第 2 期。

83. 张芝梅：《波斯纳之法律的经济分析》，载冯玉军主编：《中国法经济学应用研究》文集，法律出版社 2006 年版。

84. 张芝梅：《实用主义司法理念的价值及限度——以波斯纳为例》，载《学习与探索》2008 年第 3 期。

85. 张芝梅：《波斯纳印象》，载 http://www.govyi.com/lunwen/2007/200711/183358_3.shtml。

86. 《〈波斯纳与法律与经济分析〉书评》，载 http://www.cenet.org.cn/article.asp? articleid = 16346。

87. 朱慧、史晋川：《版权保护悖论的经济学分析》，载 http://www.privatelaw.com.cn/new2004/ztyj/%5Cshtml%5C20041105 - 215356.htm。

后　记

对著名法哲学家们作个案研究，是由吕世伦和徐爱国两位教授策划、黑龙江大学出版社出版的这套《西方著名法哲学家丛书》的主旨。承蒙两位教授的邀请，加入到这套丛书的写作中，喜悦自然很多，压力也着实不小。

这本书的写作始于作者在美国哥伦比亚大学法学院作访问学者期间。每天，我在哈德逊河畔的河边公园（Riverside Park）漫步、读书，用黄色的面孔沐浴着河畔的暖阳，以中国人的眼光注视这位美国味十足的法官、学者、法学家和经济学家，用东方的思维试图解读典型的西方研究范式，并借中文试图表达着在读英文著作后所获得的片段的所思所想。初稿的完成则是在美丽的多瑙河畔。那段日子，东欧天气不佳，阴雨、寒冷、毛毯、电脑键盘和自制的饺子，构成了一副令我一生难以忘怀的画面。

对一位仍在世的大师作评注，何况对象是波斯纳这样一位著作等身、涉猎广袤、学富五车、才气纵横、思辨精细、博闻强记的天才，着实超出了笔者的能力。所幸有朱苏力教授主持翻译的煌煌十几本的《波斯纳文丛》，才得以奠定了深入认识波斯纳的基础。苏力教授以其对波斯纳及其思想的系统和独到的解读，不愧为中国"波斯纳学"第一人。在此，对教授深表钦佩和感谢。在写作过程中，还参考了林立、张芝梅等对于波斯纳作过深入研究的学者的著作和文章，在此对他们一并表示感谢。

吕世伦和徐爱国两位教授自然是最值得感谢的。在我本科阶段，就有幸聆听徐教授讲授的《西方法律思想史》一课，当时女生们都开玩笑说，不知道徐老师的脑袋里如何装下这么多的学派、法学家和五花八门的法学思想。人生总是充满了无法预知的际遇,徐老师后来成了我的 honey 明辉的硕士生导师,对他的了解和随之而来的尊崇自然也逐步加深。

需要感谢的还有我在中国社科院法学所的领导和同事们。虽然几年的时间已逝,我仍在学术的门槛内外徘徊,但法学所宽松的工作模式、融洽的学术氛围、和谐的研究环境,使我得以一天天成长。

还有黑龙江大学出版社的孟庆吉编辑,是他的细致、耐心,以及支持和鼓励,使本书得以顺利出版。

几天前见到一位来自美国的朋友,一起聊起那段我傻傻地码字的日子,很清晰,却似乎已有些遥远了。写作本书的一页在人生中已然翻过,但前方的学术之路,依然漫长。

李霞
2009 年 3 月